続・秋田学入門

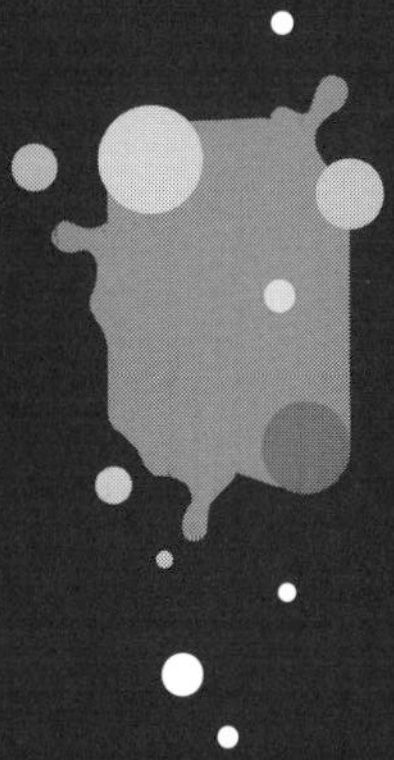

あんばいこう

無明舎出版

続・秋田学入門＊目次

続・秋田学入門

秋田城とブタの話

私たちが食べているブタのご先祖はイノシシだ。

雪深い秋田にイノシシはいない、とずっと教わってきたが地球温暖化の影響か、最近は県内の生息が確実視されている。

そのイノシシはいつ頃から家畜化されブタになったのだろうか。

佐原真著『遺跡が語る日本人のくらし』には「弥生時代にすでにブタはいた」と書かれている。弥生時代のイノシシの骨（歯）から縄文時代にはなかった歯周病が発見された。野生のイノシシに歯周病はない。だからこれは家畜のブタに違いない、というわけだ。

面白い学説なので知人たちに吹聴していたら、友人から抗議がきた。友人は秋田市高清水にある秋田城の案内人ボランティアをしている。

「そんな昔からブタがいたとすれば秋田城の水洗トイレの説明がつかなくなる」というのだ。

秋田城は天平五年（七三三年）、出羽柵が庄内地方から秋田村高清水岡に移転、出羽国北部の行政・軍事・外交・文化の中心地としての役割を担った城柵だ。

そこの鵜ノ木地区で発見された奈良時代後半の「水洗トイレ」は秋田城案内の目玉スポットである。

ここの沈殿槽内の土から見つかった未消化の種や寄生虫の卵から当時の日本では食べなかったといわれるブタを常食にする人たちの存在が浮かびあがった。中国大陸からの外来者（渤海使）のための交流・宿泊施設だったのでは、という秋田城ガイドのハイライトが、「すでにブタがいた」となると説得力がなくなってしまう、というのだ。

佐原氏の本をあわてて読みなおしてみると、「ブタの歴史はふしぎで、弥生・奈良時代はいて、あとは記録からいっさい消えてしまう」という記述があった。

それ以降は文献史料にブタの記述が登場するのは十六、十七世紀に入ってからだという。

知人にはどうにかこの説明で納得してもらったが、他にも歴史文献の中に登場するブタの役割にはユニークなものが多い。

仁科邦男『犬の伊勢参り』には、「江戸時代、ブタがお伊勢参りをした」という文献が紹介されている。

これは主に西国の藩内でブタの飼育を奨励し、ブタを軒下に放し飼いにしていたという。自分たちの食料用ではない。毎年のように訪れる朝鮮通信使のためだ。その接待や贈答用として藩命でブタを飼っていたのだそうだ。

古代から列島では間違いなくブタは飼われていた。しかし食べていた記録は料理書にも見当たらない。六世紀に入ってきた仏教の強い影響もあったのだろう。

「家畜にはしたが、食べなかった」という不可思議な時代が長く続いた、と考えるしかないのだ。

（参）『遺跡が語る日本人のくらし』佐原真（岩波ジュニア新書）
『犬の伊勢参り』仁科邦男（平凡社新書）

オオカミが消えた日

秋田にはいないといわれたニホンジカが、岩手・八幡平側から越境しているという噂は、二〇一〇年ころからかまびすしくなった。

県内のシカの末期は秋田藩の記録や古文書に詳しい。江戸時代、農作物被害が深刻になりシカは人為的に絶滅させられた。

同じころ国内ではニホンオオカミも消えつつあった。シカの絶滅過程は文献史料に詳しいが、オオカミは秋田ではどのようにして消えたのだろうか。

明治三八年（一九〇五）、奈良県で捕獲されて以来、ニホンオオカミは日本で確認されていない。

太田雄治著『マタギ動物誌』には、明治初めころまで、わずかながらも奥羽山麓一帯奥地に生息していた、という記述がある。

田畑を荒らすシカや小動物、カモシカなどを捕らえて食べるオオカミは、農家にとっては「益獣」だった。

それが一転、「怖い動物」に変ったのは享保一七年（一七三二）以降だ。オオカミによる狂犬病が全国的流行になったのがその原因といわれている。噛まれると人間も発病を逃れることはできなかったため、その恐怖から秋田藩内でも大掛かりなオオカミ狩りが行われるようになった。その「出陣記録」は古文書に多く残されている（『佐竹北家日記』や『八丁夜話』など）。

山中にすむシカと違い、オオカミは今の秋田市近郊の添川や泉、矢橋（八橋）や寺内といった人間の住む集落にもよく出没した。そのためオオカミ狩りは鷹狩りと同じ服装で物々しいものだったという。さらにオオカミは飢饉などで餓死者が出ると土葬死体を掘り起こして食べる。これも嫌われる理由になったようだ。

お隣の岩手の集落にはオオカミに餅を捧げ、祀る信仰がいまも残っている。そうした場所へ足しげく通い書かれた遠藤公男著『ニホンオオカミの最後』という本が出た。

江戸末期から明治期の鹿角地方のオオカミの記録も載っているのだが、奥羽山脈からオオカミが消えた理由についても書かれている。

そのひとつは、この当時、火縄のいらない村田銃が出現し殺傷能力が高まり乱獲が一挙に進んだというもの。

ふたつめは明治期に入るとオオカミ駆除に県が賞金を出すようになったことだ。

この賞金額がすごい。明治初期、岩手の米の値段は一石三円ほど。オオカミ捕獲報労金はメス一頭につき八円（オス七円・子二円）で、親子二頭捕獲すれば農家一年分の米代になったという。人々がオオカミ狩り夢中になったのも無理はない。

このへんの事情は、たぶん秋田も似たり寄ったりだったにちがいない。

（参）『マタギ動物誌』太田雄治（秋田魁新報社）
『ニホンオオカミの最後』遠藤公男（山と渓谷社）

白神山地になぜ入山できないの？

仙台からジャーナリストが訪ねてきた。

「白神山地の秋田側入山禁止について取材をしている」と言う。

趣味が山歩きなので年一度は青森側登山口から白神岳（1235m）に登るのだが、秋田側の人たちは青森側から登ることに特別な意識や違和感はないまま過ごしてきた。

平成五年（一九九三）、秋田と青森にまたがる白神山地はわが国の世界遺産登録第一号となった。

世界遺産になった白神山地の管理方式をめぐって秋田と青森の対応には大きな隔たりがあった。

管理面積が大きくマタギ文化の舞台でもある青森側は「許可制（のちに届け出制に変更）」で入山を認めた。

一方、秋田側は対象が粕毛川源流域に限定されていたため「入山禁止」の措置をとった。「観光客が増えて自然破壊の恐れがある」ためだ。

以後四半世紀、両県の管理方式は平行線のまま。

現在、白神山地への入山者は年々減る一方だ。確かに初期には秋田側の「入山禁止」は意味や効果があったのだろうが、その役割はもう終えたのではないか。

同じ世界遺産の屋久島も知床も富士山も入山禁止の措置はとっていない。世界遺産条約には「保護」と同時に「公開」もうたっている。「両県を〈届け出制〉で統一する時期ではないだろか」というのがジャーナリスト氏の主張（提案）だ。

思うことがあって、過去の自分の日記を見返してみたら、昭和六二年（一九八七）、青秋林道建設反対の「異議意見書」に私も署名していた。だから無関心だったわけではない。しかし反対運動のイニシアチブはあくまで青森側、という認識が強かったようだ。

と同時に反対運動たけなわのころ、秋田では地元新聞社社員の内部暴露本『虫けらの魂』がベストセラーになり、秋田に嫁いだフィリピン花嫁の失踪事件が大きな話題になっていた。

さらにモデル農村・大潟村のヤミ米問題も連日全国ニュースとして報じられていた。

こうした事件の取材のため、私の仕事場にも入れ代わり立ち代わり著名なジャーナリストや新聞記者が東京から押しかけ、てんやわんやの日々だった。

当時、私の中で優先順位の高い「事件」は、地元紙の暴露本騒動が一番で次が大潟村ヤミ米問題、三番目がフィリピン花嫁で、青秋林道は最下位。

たぶん、こんな個人的な事情もあっただろう。白神問題と真正面から向き合うことなく時が過ぎてしまった。

いま、A氏の提案に真摯に耳を傾けるときなのかもしれない。


（参）『秋田・白神 入山禁止を問う』佐藤昌明（無明舎出版）

『白神山地ものがたり』奥村清明（無明舎出版）

大曲の花火の起源は？

「大曲の花火」の開催中止が決まった。コロナ禍での苦渋の決断だ。

「大曲の花火」は明治四三年（一九一〇）、神社祭典の余興からはじまったそうだ。しかし古い資料などに目を通すと、この花火が町を代表する祭りになる前、その祭りの「呼び水」になる出来事があったという。

明治四二年（一九〇九）夏、地元の新聞社など三社（秋田魁新報社、東北公論社、秋田時事社）が、本県PRのため東京の新聞・雑誌記者らを招いた。県内の名所旧跡、産業や特産品を全国に紹介してもらう目的で二〇新聞二雑誌、総勢二〇数名の記者たちを一〇日間にわたって接待したのだ。

この「秋田観光記者団」のため、当時の大曲町の青年団は夜の川に舟を浮かべ、両岸から花火を打ち上げ歓待した。

この記者団の秋田レポートは、その年の冬にはもう『知られたる秋田』（瀧澤酔夢編）という本になっている。五三〇ページの大冊で序文には「實業之日本」編集顧問の新渡戸稲造、中野正剛や中里介山、小野蕪子といった後の著名人も執筆者に名を連ねている（七六年後の昭和六〇年（一九八五）には復刻版も刊行）。

東京日日新聞の記者、中野正剛のレポートから当時の旅行スケジュールを抜き出してみよう。

七月二二日、上野駅を出立。

二三日、横手駅で町長や森秋田県知事の歓待。大曲町に移動し菊水館に一泊。

二四日、農事試験場を見学し神宮寺で種馬所、秋田市に入る。

二五日、県庁にて知事や市長の講話。

二六日、土崎、男鹿観光を楽しみ、二七日は南秋田郡大久保でアスファルト採掘現場視察、能代へ。能代では秋田木材会社を訪ねる。

二八日は米代川を北上、毛馬内町を経て大湯村の大湯温泉泊。二九日、山路険悪のため馬で十和田湖へ。

三〇日は十和田湖で養魚に成功した和井内貞行の事績に触れた。

三一日、馬で小坂鉱山見学。

八月一日、小坂から大館に寄り秋田犬の闘犬。汽車で南下し院内湯ノ沢温泉に投宿。

二日、院内駅を出立、東京へ……といった旅程である。

『知られたる秋田』を読んで意外だったのは、「大曲の花火」に関する記述がわずかだったことだ。この記者たちのレポートが「呼び水」ではなかった。

実は「青年団の接客行動」そのものが、後の祭りの「呼び水」だった。その「精神」が受け継がれていったのだ。大曲町はまだ新興の地、他に比べて知名度も劣り名所もない。東京の記者団に少しでも町を印象付けようと、雄物川の風光を生かした「舟遊びと花火」というアイデアに勝負をかけた。その企画力と心意気こそが起爆剤になったのだ。

一〇〇年以上前の若者たちの熱情とおもてなしが「呼び水」だったのである。


（参）『知られざる秋田』瀧澤酔夢編（無明舎出版）

コシアブラを食べ始めた理由

山菜は秋田県民にとって「空気のような食材」といっていいかもしれない。山菜と聞いただけで黙ってはいられない。一〇〇人に取材すれば一〇〇人の山菜自慢がいる。

ちょうど時代が二一世紀に入ったあたりから、「最近コシアブラという山菜がうまい」という話を秋田でもよく聞くようになった。「でも秋田の人は食べないけど」と付け加えられるのも常だった。

逆に山形や新潟では、山菜と言えばコシアブラと即答する人も多いという。

そして二〇一〇年代に入ると、コシアブラは秋田県でも積極的に認知され食べ始められている。なぜなのだろうか。

コシアブラはウコギ科の落葉高木。春に芽を出すがその芽はタラの芽同様、天ぷらや胡麻和えにすると美味だ。名前の由来はこの木から採取した樹脂を漉し、油に精製、金漆（ごんぜつ）として武器などの金属部位にさび止めとして使用したことにちなんでいるらしい。

山菜王国を自認する秋田県で、二〇年前までコシアブラはほぼ無名の存在だった。それが突然、表舞台に登場し、競い合って食べるようになったのは最近のことだ。その背景には全国的な山菜ブームとグルメ志向がある。

まずは食べるより情報として流入してきたのが「はじまり」のようだ。コシアブラは秋田の山中では容易にいくらでも採れる。しかし秋田では似たような食味のタラの芽が長く山菜の主流だった。

ここで「主流」というのは市場で金になるという意味だ。いくら採れても、どんなにうまくても、市場で金になければだれも採らない。

これが秋田県でコシアブラに目がいかなかった最大の理由だ。

雪国では冬の間、野菜を食べることができなかった。

山菜はその冬の間の命をつなぐ貴重な保存食だ。

そのため長い間、山菜は「保存」を重要な価値基準にして採られ続けてきたのだ。

「保存」に適していない山菜は、うまかろうが珍味だろうがランク外である。

ウド、ワラビ、ゼンマイ、フキ……こうした保存に適したものが「山菜の王様」として長く君臨し、秋田の食卓を支えてきた。

山菜名人たちに取材すると、山菜を採る基準は「量が採れること。保存がきくこと。飽きずに食べられること」という答えがほぼ一様に返ってくる。

秋田県人のDNAには「保存食としての山菜」の記憶が深く刻み込まれている。

山菜ブームとグルメ志向で流入してきた新参者コシアブラは、その王様たちの一角を崩すことができるだろうか。

寺田寅彦の遺跡

国道七号を酒田方面に向かって象潟へ。途中の小砂川バイパスにはいらず旧道をそのまま進み、再びバイパスと合流する五〇メートルほど手前を左に折れる。そこの踏切をこえるとすぐに採石場のある小高い丘陵となり、頂上に二本の大きな電波塔が建っている。その二本の真ん中を目安に、藪と蔓に足をとられながら一〇〇ｍほど道なき道を進むと三崎山（一六一・三ｍ）山頂がある。

そこに一等三角点が設置され、傍らに直径七〇センチ、高さ一ｍほどの円柱コンクリートの測量台座がある。

側面には「経緯度観測点　昭和三年八月　文部省測地学委員会」（原文はすべて旧漢

字で英文も併記）の文字が刻まれている。

これとまったく同じ台座が山形県酒田市の飯森山（四一・八ｍ）と飛島の柏木山（五七・八ｍ）の一等三角点の傍らにもある。

この三地点は二等辺三角形で結ばれている。

二〇世紀初頭、世界的に論議を呼んだドイツ人気象学者Ａ・ウェゲナーの大陸移動説を検証しようと設置されたものだ。

発案者は地球物理学者で随筆家の寺田寅彦（一八七八―一九三五）。

台座が設置されたのは昭和三年（一九二八）八月だが、それに先立つ同年三月、寺田はこの三崎山の一等三角点をひとり訪ねている。

上野駅を立ち置賜、新庄を通って酒田で降り、飯森山の三角点を確認し、翌朝、象潟に降り立った。その三日間の旅は「羽越紀行」という随筆に詳しい（『続冬彦集』）。

このなかで寺田（筆名・吉村冬彦）は、「明くる朝まだき象潟に赴く。遊覧の季節を外れたれば駅前に客待つ車もなし。覚束なく雪解の畦道たどりたどる」と記している。

象潟駅から三崎山まで歩いたのだろうか。

前日、飯森山にも自分の足で登っているが、飛島は「汽車の窓より眺めて過ぐれどさだかならず、沖の彼方十八海里とかや、飛島の影暗く雪雲低くさまよえり」と書いているから現地には行かなかったようだ。

列島の日本海沿岸には佐渡や飛島、奥尻などの島々が弧状に並列している。これは昔、大陸から日本列島が分離・移動したからだ、というのが寺田の仮説だ。

今となっては常識的なプレート変動説だが、この仮説の正しさが認められるまで半世紀以上の歳月が必要だった。

三・一一の東日本大震災以後、「天災は忘れたころにやってくる」（寺田の文意を要約した言葉）というフレーズが話題になり、寺田の本はいまも売れ続けている。

その寺田の学説や足跡と直接かかわった「場所」が、秋田にあることを覚えている人は少ない。

（参）『続冬彦集』寺田寅彦（岩波書店）

「若勢」は人身売買か？

県内の酒蔵を訪ねると、今も「若勢（わかぜ）」と呼ばれる人たちがいて働いている。以前から「若勢」に興味はあったが、なにせ研究文献や資料が極端に少なく、お手上げの状態だった。

最近、『若勢――出羽国の農業を支えた若者たち』という本が出た。著者は須藤功さんで、民俗学者・宮本常一に師事した写真家で横手市の出身だ。

若勢は大地主の農家に住み込んで一定期間、農作業をする若者のこと。酒造りに従事する酒屋若勢という存在もあった。いまでも農作業などでよくつかわれる「わっぱが」という秋田弁は、若勢が一人で一日にこなす仕事量のことを意味し、これをこなせないと一人前とみなされなかった。

「若勢」という言葉は今も県南地方の酒蔵などでは日常的に使われている。

その起源は江戸時代にまでさかのぼり、昔は広く全国に存在していたのだが、なぜか秋田の県南部や山形庄内地方にしぶとく生き残ったものだ。

この若勢を「売り買い」する「若勢市」という風習もあった。

この人身売買とも誤解されかねない「奇習」は、江戸時代から最近まで（昭和三〇年代）、横手市に残っていた。秋の彼岸の中日と旧暦の一二月二五日の年二回、横手の所定の場所に集まった雇用主と若者が直接交渉し、期間や賃金について契約する。

文化年間（一八〇四―一八一八）、江戸幕府書記役の屋代弘賢（やしろひろかた）が全国各地の風俗習慣を各藩に回答させた『風俗問状答』の出羽国秋田領の巻にも「平鹿の郡の横手城外に人市と云事あり」と記されている。

この全国的にも例を見ない「人のせり市」を有名にしたのが昭和七年（一九三二）十一月一日の東京朝日新聞の「横手に残る奇習　若衆市場」という記事だ。この奇習の故事来歴を国（農林省）が本格調査することになったことを報じたものだ。

「昭和時代には珍しい男性の人身売買」と報じながらも、この農事調査以降、地元紙などの記事のトーンは少しずつ変化していく。「市」は両者の自由意思による「労力取引市場」で、奴隷市場ではない。若勢は労働条件が気に入らなければ拒否する権利を有し、雇用主の養子になったり、嫁取りの機会も増えた。「市」に立つことで一人前の男として認められ、それが若者たちの誇りでもあったのだ。

若勢は大正時代に入ると北洋漁業や京浜工業地帯などへの出稼ぎ労働に吸収され、昭和三〇年代の農業の機械化で徐々にその姿を消していく。

その若勢市が横手市にのみ連綿と続いた理由はなんなのだろうか。

横手は古くから小野寺氏、佐竹氏の要害地で、横手盆地の中心にあり周囲の農産物豊かな農村や山間部とつながる交通の要地でもあった。人の出入りが多く、道と鉄路（横荘線や横黒線）が山間部の若者を平野部に結びつけた。田地のない山間部の山内村が背後にひかえていたことも大きい。

（参）『若勢——出羽国の農業を支えた若者たち』須藤功（無明舎出版）
『秋田風俗問状答』金森正也・現代語訳（無明舎出版）
『東京朝日新聞』昭和7年（1932）11月1日号

東西南北の地勢学

　方向オンチである。地図が読めない。方向オンチでも生きていくうえで不便はないと信じていたのだが、実はそう単純な話ではない。

　仕事柄、古い文献や郷土史料に触れる機会が多い。そのたびに「地勢」が地域の歴史や文化に重要な役割を果たしていることを痛感する。地勢を読めないのは文献理解の致命的な欠陥である。それほど地域の古い文献史料には方位方角を示す記述が多く、それを把握しないと次のステップに進めないのだ。

　たとえば秋田藩主であった佐竹家には、南家（湯沢）、北家（角館）、東家（秋田市）などの分家がある。県内でのその居住場所は方位とはまるで無関係だ。

常陸太田から移封されてきた初代秋田藩主・佐竹義宣は新羅三郎義光の孫昌義から数えて二十代目の殿様である。さらにその先祖の十六代目義舜（よしきよ）が、弟義信に北家、同じく弟の政義に東家、自分の四男義里に南家を名乗らせたのが、その分家の由来だ。

自分の血を引く身内から北、東、南に分家させ、佐竹を名乗らせ一門衆の基盤を固めたのである。

転封された秋田でもこの分家が生き残った。

さらに当時の秋田藩領の大半は古来「山北郡」と呼ばれていた。どこの「山」の、どこから見た「北」なのか。これは為政者である朝廷側からみた地名だ。山形県境にある神室山（連峰）から北側にある場所という意味である。これが今も「仙北」という地名に引き継がれた。

江戸時代、日本海を商品売買しながら「海の総合商社」の役割を果たした「北前船」は近江商人の卓抜したアイデアから生まれたものだ。瀬戸内海側の人たちから見て「北の方角」から来る船に付けられた名だ。

江戸の経済が安定し、人口が増え、主食であるコメ不足を解消するため、奥羽地方の官米を江戸まで回送するため開拓されたのが「西回り航路」だ。

寛文十二年（一六七二）、幕命を受けた河村瑞賢が、酒田から下関を通り大坂、江戸に向かう航路を開拓した。この「西」は幕府のある江戸から見た方位だ。

北前船は西回り航路が確立される以前からあった。福井の敦賀から松前、江差、箱館を結ぶ蝦夷地（松前藩）航路を、すでに民間人の手で実現していた。それが官米を運ぶ幕府の西回り航路と合体し、蝦夷地から大坂までの「北前船ルート」が完成したわけである。

西回り航路ができると秋田藩は年貢米を大坂へ直航で運び、大坂市場で売れるようになった（津軽海峡をこえる東回りルートはリスクが大きく、コメの値は大坂が最も高かった）。

方向感覚を磨けば地域の歴史は確実におもしろくなる。

（参）『海の総合商社　北前船』加藤貞仁（無明舎出版）
『名将佐竹義宣』南原幹雄（角川書店）

木地師と小椋久太郎

私の家には二体のコケシが鎮座している。一リットルのペットボトルほどの大きさで胴模様に「梅鉢前垂」が描かれている。小椋久太郎（一九〇六～一九九八）の作だ。

このコケシを見るたび、生前の小椋に取材する機会を逸したことを思い出す。企画を立て、本人の了解も得、取材直前までいったのだが、ささいな問題が生じ実現がかなわなかった。

山の民である「マタギ」に関しては数多くの資料・書籍が残されている。なのに同じ山の民である「木地師」に関する資料は少ない。木地師とは山奥に住み、ロクロを挽いて、木製の椀や盆、ひしゃくなどの日用雑器を作る人たちのことだ。

彼らのつくるコケシは東北地方独特の玩具だが、歴史はそれほど古いものではない。土産物として売られるようになったのは温泉や湯治場の開発が進んだ明治以降のことだ。

しかし木地師の歴史は古い。

奈良平安の時代まで遡る。貴人が権力闘争に敗れ山奥に逃れ木地師になった。あるいは朝鮮半島からきた帰化人が何らかの事情で山に入ったともいわれ、古代史の謎や日本史の裏面にまで通底する存在である。

その山から山へ木を求めて旅する漂泊の民も、明治の近代化政策により定住を余儀なくされ、独特の習俗や木工技術も途絶えつつあるのが現状のようだ。

小椋久太郎の祖先は今の滋賀県、近江の筒井村小椋庄である。

言い伝えによれば平安時代、木地免許と言われる自由に山の木を伐採する権利をあたえられた文書をもち、信州を経て、会津若松、鳴子、鬼首に移り住み、江戸時代の大飢饉を機に、皆瀬村（現湯沢市）に移り住んだという。

そのコケシづくりの名人といわれた小椋久太郎が亡くなって一〇数年後、木地師の発生や歴史を克明に追った小説が出版された。乙川優三郎『脊梁山脈』だ。

昭和二一年（一九四六）、戦争に敗れ中国大陸から復員してきた主人公が列車内で腹痛を起こし、同じ復員兵の小椋康造に助けられる。その後、功成り名をとげた主人公は「復員列車の恩人」である小椋を探し、深山をめぐるうち木工に魅せられ、木地師の源流とこの国の成り立ちをたどりはじめる……という壮大で骨太な物語だ。

木地師・小椋康造の仕事場は秋田県の皆瀬村にあり、その兵役の時期からしても小説のモデルは小椋久太郎その人とみていいだろう。

物語は主人公と小椋の感動的な出会いで幕を閉じる。

（参）『脊梁山脈』乙川優三郎（新潮社）

出稼ぎとオリンピック

半世紀前の東京オリンピックの話だ。

開催されたのは昭和三九年（一九六四）、私は中学生。体操競技で金メダルをとった県出身の小野喬や遠藤幸雄の活躍に熱狂したのを今も鮮明に覚えている。

最近、テレビ放映されたＮＨＫ『東京ブラックホールⅡ　破壊と創造の１９６４』は、二一世紀の今を生きる若者が前回の東京オリンピックの年にタイムスリップする物語だった。当時のモノクロ未公開映像に現代の俳優をタイムスリップさせ、合成映像で時代の舞台裏に迫る新機軸のドラマだった。

物語は秋田から東京に集団就職した若い女性が、出稼ぎに来たまま行方不明になった父親をさがして東京中を彷徨するという設定だ。

そういえば二〇〇八年に出版され話題になった奥田英朗著『オリンピックの身代金』も、仙北地方の貧しい農家出身の若者が主人公だった。東大に入学し、秋田出身者の多い出稼ぎ飯場に身を潜め、オリンピックに浮かれる国家に壮大なテロを仕掛ける小説だ。

「貧乏人は麦を食え」という池田首相の有名な発言は一九六〇年だ。

ここから日本は所得倍増計画と高度経済成長戦略に舵を切り、東京オリンピックと首都圏整備の大工事がはじまる。そして都市部では労働力不足が深刻化する。

翌六一年には「農業基本法」が公布。農工間の所得格差をなくし、自立農家育成などを目指した法律である。

言葉面はいいが見方を変えれば、大量の労働力を生み出すため農民の半分以上を離農させ、工場労働者にすることを狙った施策でもあった。水田は基盤整備で広く平坦になり、人手に変わって農業機械が導入され、牛馬の姿は田んぼから消えた。農作業は省力化され、農家の電化は進み、子供の高校進学率は飛躍的に高くなった。

と書けばいいことづくめだが、さして現金収入が必要なかった農村に「現金至上主義」が持ち込まれた大きな変化の始まりでもあった。

事実、この六一年の「農業基本法」を境に、秋田の農民たちは次々と都市へ出稼ぎに行くようになる。出稼ぎ者の数は急カーブを描いて上昇した。

清水弟著『出稼ぎ白書』によれば、六〇年までは県内で一万人ほどだった出稼ぎ者が六一年には倍の二万人台になり、以後七〇年代の終わりまで、全国の出稼ぎ者の二、三割（三万人から六万人）を秋田県人が占めるようになっていく。

出稼ぎは東京オリンピック工事のためとばかり思っていたのだが、その元凶は「農業基本法」の中にすでに準備されていたのだ。

（参）『オリンピックの身代金』奥田英朗（角川文庫）
『出稼ぎ白書』清水弟（秋田書房）

道路標識の絵柄は大丈夫？

秋田自動車道・大曲インター付近で「鹿出没注意」の道路標識があった。以前にはなかったものだ。「鹿」というのはニホンジカのことだ。

鹿は長く秋田に生息していない。カモシカも鹿の一種と思っている人もいるが、カモシカはウシ科の動物。鹿は鹿科だ。

カモシカは秋田に多くいる。でも鹿（ニホンジカ）は昭和初期に絶滅し県内には生息していない。

ところが一〇年ほど前からニホンジカの目撃例が相次ぎ、秋田県は改訂予定のレッドデータブックでニホンジカを「絶滅種からはずす」方針であることを明らかにしたばかりだ。

こうした流れを受けて「鹿出没注意」標識の設置となったのだろう。

個人的にはまだニホンジカを目撃したことはない。しかし他の人の目撃例やメディア報道をみるかぎり、間違いなく秋田にニホンジカはいる。

県内の高速道路のいたるところに「動物注意」の道路標識がある。そのイラストにはカモシカに混じって、あきらかに以前からニホンジカと思われるイラストが描かれている。

秋田県には「いない」はずの動物の絵柄が堂々と秋田の道路標識として通用してきたのだ。

全国の国道で使用されている絵柄を流用してしまったのが原因なのだろう。

「熊出没注意」標識にしても同じ。イラストが「ツキノワグマ」ではなく「どうみてもヒグマだろう」と思われる絵柄が散見される。ヒグマは本州にはいない北海道の動物である。

そんなこんなで大曲インター近辺の「鹿出没注意」標識も、この近辺に本当に出没しているの？　とついつい疑いの目でみてしまった。

道路上で気付いたことがもう一つ。

毎週のように県内の山に登る。ほとんど日帰り山行だから朝は早い。車で目的地の登山口に行く途中、必ずと言っていいほど動物のれき死体と遭遇する。

タヌキやハクビシン、アナグマ、キツネといった里山に住む小動物たちだ。こうした野生動物の交通事故を「ロードキル」というのだそうだ。

ところが二〇〇一九年あたりからロードキルに合う頻度が少なくなった。

一般的に動物の死体は「ゴミ」として処理される。管轄の清掃局では市民から通報があると死体を回収し大型の冷凍室に一ヵ月ほど保管してから処分するという。

一時保管するのはペットの飼い主対策のためだ。ペットのロードキルの問い合わせが多いため、ある程度の期間、保管が必要なのだそうだ。

道路は人間と動物の交錯する場所。ロードキルが減るのはいいことだが理由が不明だと不安にもなる。

殿様商法って本当なの？

秋田県民は宣伝ベタとよく言われる。

「売ってやる」と言わんばかりの殿様商法は他県の人からしばしば批判を受ける。

秋田県の宿泊サービスも、ある大手旅行会社の調べによると「全国最下位レベル」なのだそうだ。

でも他県に行くと、似た繰り言はよく聞かされる。秋田だけが本当に、誰もが認める殿様商法の横行県なのだろうか。

殿様商法や宣伝ベタのルーツは、たぶん江戸時代の交易の歴史にまでさかのぼる。

北前船の交易で大きくなった秋田の商人の仕事は、全県から集まってくる豊富な積み荷（コメ、木材、たばこなど）を、物流の決定権を持っていた関西資本や近江商人が経営する北前船側に渡すことだった。後は上方から届いた注文品を受け取り、取次業者に渡す。何が売れるのか、どこからいくらで仕入れるのか、売値をどうするのか、といった商売上不可欠な「センス」はほとんど不要だったのだ。買い手と売り手の思惑が合致するほど物資が豊富で、誰かに頭を下げたり、おべんちゃらを言う必要がなかった……。

どうやらこのあたりが秋田殿様商法説のルーツだろうか。反論もある。

全国的に知名度の高い東京ＪＲ渋谷駅前の忠犬ハチ公は秋田生まれだ。ハチ公はたびたび本や映画になり、戦争中の修身の教科書にまで登場したからだ。そのハチ公が死んだのは昭和一〇年（一九三五）、渋谷の銅像は昭和三四年（一九五九）に建っている。なんと生きているうちにハチ公は銅像になっていたのだ。

「そのころは、犬がペットとして商品になりだしたのです。特にシェパード。そこでシェパードに似た国産の秋田犬を売り出そうとして、宣伝のために秋田県人商業会の人々がハチ公像を建てたのです」（上野博士直弟子のＨ元東北大学教授の証言）。

この証言を信じれば、忠犬ハチ公はみごとに商略的に作り出された可能性が高いことになる。

キリタンポやジュンサイ、トンブリといった今の秋田の特産品が全国的な知名度を獲得するのは昭和三六年（一九六一）の秋田国体のあたりからだ。

そのあたりから県は全国的なイベントの都度、旅館業者や民宿、料理人を集めては講習会を開き、小冊子を作って、これらの県特産品の啓蒙に努めた、といわれている。

「米、酒、ハタハタに秋田美人」程度の認識しかなかった県外客に「豊かな食の国秋田」をアピールするため、その普及に躍起になった歴史を持っている。

宣伝上手とまで言えないのは認めるが、そう自虐的になるほどのことでもないのではないだろうか。

（参）『食文化あきた考』あんばいこう（無明舎出版）

花家圭太郎という時代小説作家

秋田の歴史や文化、自然に関わる本を多く出版してきたが郷土史といわれるジャンルは、どちらかというと編集者として苦手だった。基礎知識や専門的素養がないとむずかしい原稿が多かったせいだろう。10年ほど前、その苦手意識を払拭してくれる本にであった。花家圭太郎著『暴れ影法師——花の小十郎見参』だ。

花家圭太郎は大仙市太田町生れの作家で、この作品がデビュー作だ。

物語は徳川家二代目将軍秀忠の時代。主人公は秋田藩の問題児、六尺豊かな偉丈夫で大酒のみの女好き、おまけにホラ吹きの戸沢小十郎。この憎まれもするが愛すべき男が天下を相手に大芝居をうつ。ほとんど荒唐無稽といっていい筋立ての時代小説だ。

当時は外様大名を中心に改易（武家の倒産ですね）が三代目将軍家光の治世まで一三十家に及び、当然ながら佐竹家もその改易候補筆頭にあげられていた。

秋田藩にとって改易を避けることはなによりもの急務だった。そこで秋田藩家老の梅津政景、憲忠兄弟は、江戸に広く人脈のある小十郎を密使として送り込む。策士でもある小十郎に幕府の外様つぶし阻止の計略を託したわけである。

佐竹家が常陸から秋田に転封される際、徳川家康は「佐竹には出羽十二郡をあたえる」心づもりだったが、「あんなものは出羽六郡で十分」と領地を削ったのが「家康の懐刀」と言われた本多正純だ。

この男こそ佐竹家の「敵」、と小十郎は標的を定める。

さらに改易候補を佐竹家からお隣の最上家に目移りさせるため、最上領に乗り込んで大掛かりな企てを仕掛ける。

結果、お家騒動のやまぬ最上家五七万石は幕府に目をつけられ改易。これによって佐竹家のお取り潰しは消えた。

同じく本多正純もいくつかの疑惑の行動が秀忠の逆鱗に触れることになり、縁もゆかりもない秋田藩内の横手に父子ともども幽閉されることになる。これらすべてが小十郎の仕掛けと謀略によるものだった……。

本書に登場するのは小十郎を除けばほぼ歴史上実在の人物。とすれば小説のどこまでが史実で、どこからが絵空事なのか。

読後はこの小説の「虚と実を仕分ける」作業に興味が移った。登場人物たちの生涯や事件の顛末を小説の時間軸に沿って調べると、意外な事実が判明した。

この小説の七割方は史実で、あとの三割が作者の作り出した「ウソ（想像力）」のようだった。

荒唐無稽どころか用意周到に史実とウソを練りあわせ、虚実の境目を見えなくした秀逸な時代小説だったのである。

花家圭太郎は二〇一二年、六六歳で肺がんのため亡くなっている。

（参）『暴れ法師――花の小十郎見参』花家圭太郎（集英社文庫）

藤田嗣治の最後の作品

フランスを旅してきた。シャルル・ドゴール空港に降り立ち、そのままパリを離れTGV（高速列車）でデジョンに移動。そこからボーヌ、ランスとブルゴニュー地方のワイン畑やカーブ（酒蔵）のある街や村を巡ってきた。

フランス東部の盆地はケスタ地形と呼ばれ、硬軟の地層が侵食しあい広大でゆるやかな丘陵地帯を形成している。

そのなかにあるランスはシャンパン醸造で有名な都市だ。ランソン、ポメリー、テタンジュ、ヴーブ・クリコといった世界的シャンパン・メーカーがこの街に群れなしている。と同時に秋田県民にはなじみの画家・藤田嗣治の礼拝堂のある街でもある。

旅の予定にはなかったが、地図をたよりにその礼拝堂に寄り道してきた。ランス中心街から歩いて一五分、郊外の住宅地に「チャペル・フジタ」はあった。門をくぐると広い庭があり、パンパースというススキの穂に似た巨大植物のオブジェが目に飛び込んできた。礼拝堂は二〇坪ほどで気品ある質素な建物、入場料は四ユーロ（約五〇〇円）だ。内装は藤田の絵とステンドグラスで埋め尽くされていた。正面奥には聖母マリアと幼児のキリスト。右壁面は「最後の晩餐」で、入口部分は十字架のキリストと足元で祈る群集だ。よく見るとその群衆の中に藤田自身が小さく描かれている。

藤田の終の棲家はパリから北西に一時間ほどのヴィリエ・ル・バクルという、ランスからも近い農村にある。

一九六〇年秋、藤田七四歳の時、この村の農家をアトリエに改修し、君代夫人と暮らし始めた。

そして一九六五年、七九歳の藤田は最後の仕事にとりかかる。自らの手で礼拝堂をつくり内部をフレスコ画で飾る計画だ。だが場所選びに難航する。そんな折、友人であったランスのシャンパン会社「ムンム」社長のルネ・ラルーから「場所を提供したい」という申し出を受ける。

ランスは藤田が洗礼を受けた場所でもある。

礼拝堂はランスに決まった。フレスコ画は壁の漆喰の上に水性の絵の具で描く技法で、正確さと素早い筆使いが要求される。藤田はステンドグラスや石の彫刻、庭の設計まで自らの手でおこなった。

礼拝堂は藤田の最後の「作品」でもあった。つつましいが厳かで気品のある礼拝堂が完成した三か月後、藤田は膀胱がんで入院、そして一九六八年、八一歳の生涯を閉じた。

遺体はこの礼拝堂に安置後、終の棲家であるバクル村に葬られた。

礼拝堂から外に出ると曇空から冷たい雨が落ちてきた。

近くのバス停まで歩く間も礼拝堂に隣接する「ムンム」の敷地が続いていた。


（参）『藤田嗣治――異邦人の生涯』近藤史人（講談社）

江戸の落語家、秋田を旅する

江戸時代、東北や秋田を旅した人物と言えば、すぐに菅江真澄を思い浮かべる。他にも平賀源内、吉田松陰、イザベラ・バード、松尾芭蕉や伊能忠敬といった「有名人」も少なくない。

こうした歴史的「有名人」の紀行文の多くは書籍になっているが、本なっても、それほど名前が知られていない人物もいる。

その代表格が江戸期の落語家・船遊亭扇橋の『奥のしをり』だろう。

落語家の東北巡遊記というのも珍しいが、なぜか秋田での知名度は低い。紀行本は昭和一三年（一九三八）、アチックミューゼアムから出版されている。昭和四七年（一九七二）には『日本常民生活資料叢書　第9巻』（三一書房）にも収録されているが、その人物や旅の詳細については不明なことが多い。

扇橋は天明六年（一七八六）、茶漬け茶屋の息子として江戸に生まれ、のちに落語家の初代・船遊亭扇橋の弟子となり、二代目を襲名している。没したのは安政三年（一八五六）といわれるが、生没年とも確たる資料はない。

扇橋は寄席興行のため天保一二年（一八四一）に仙台に入る。旅日記はここから始まる。翌年には塩釜、松島、石巻などを見学し、奥州街道を北上、一関、盛岡を経て鹿角へ。そこから秋田領の大館、能代、久保田（秋田市）城下に至り、天保一四年（一八四三）正月は久保田で迎えている。同じ年には矢立峠を越え津軽領に進み黒石や弘前、青森などを回り、また秋田領に戻っている。

こうした旅の様子をスケッチや和歌、川柳をまじえて記録したのが『奥のしをり』だ。二年に及ぶ東北巡遊のなかで秋田に最も長く滞在しているのは、たぶん居心地がよかったせいだろう。

「有名人」たちの旅日記と決定的に違うのは、次の興行先が決まらなければ同じ場所に何日間でも滞在するため、土地の生活者と同じ視線で日々の暮らしや風物を記述している点だろう。

秋田では「ハタハタ」についてかなり詳しい記述がある。

初物を「10匹700文（藩札）で買ったが、翌日は20匹100文になっていた」と嘆いてみたり、その味を「風味軽く美味だが体を冷やす魚」と書いた後で「冷えるはず名も魚へんに神無月」と洒脱な川柳まで詠んでいる。

ここまでくるともう旅日記というジャンルを超えている。

秋田で訪ねた場所、世話になった人、泊まった家や雪の暮らし、鉱山や特産品、珍味に至るまで、扇橋の筆は興味のおもむくまま自在でのびやかだ。


（参）『奥のしをり』船遊亭扇橋著・加藤貞仁訳（無明舎出版）

集団就職を忘れない！

中学生のころ、三月末になると集団就職列車に乗る先輩や同級生を駅に見送りに行くのが恒例の行事だった。

運よく高校進学ができ、外に出なくて済む自分の境遇を、子供心にも「恵まれている」と意識した、初めての社会的体験といってもいいかもしれない。

私は昭和二四年（一九四九）生まれだが、集団就職列車が初めて走ったのは昭和二九年（一九五四）。四月五日に中学卒業生六二二人を乗せ、青森駅から二一時間かけて上野駅に着いたのが始まりだ。

その歴史に幕がおりたのは昭和五〇年（一九七五）三月。青森発の臨時急行「八甲田」

が岩手の中卒者三五八人を乗せて上野駅へ。以後、集団就職は行われていない。

昭和四〇年（一九六五）の文部省学校基本調査によると県外就職率の高い県は、鹿児島、島根、宮崎、長崎、高知、大分、鳥取、熊本の順で西日本が圧倒的に多い。九番目に秋田が入っていて、東北ではトップである。

集団就職者を「金の卵」というのは昭和四〇年代に入ってからのことで、それ以前は中小企業の交換可能な低賃金若年労働者、という負の色彩のほうが濃かったようだ。

その集団就職が戦後史から忘れられようとしている。ネットを検索すればわかるのだが集団就職に関する資料は驚くほど少ない。あっても大学の研究論文が主で、生の声を記録した文献はほとんどない。

そんななかでユニークな本が一九七八年に出版されている。

三木賢治著『都会の空はにごっていた』だ。

サブタイトルは「終戦っ子87人の軌跡」。「秋田」という表記はどこにもないが、もともと毎日新聞秋田版に七七年から七八年にかけ「山の中学から」というタイトルで新聞連載されたものだ。

昭和二〇年（一九四五）生まれで由利郡大内町立上川大内中学校を昭和三六年（一九

六一）に卒業した、まさに「終戦っ子」八七人の人生を追ったルポなのだ。

大内町は集団就職者を大量に大都会に送り出さなければならなかった典型的な農村過疎地だ。そのため昭和三三年（一九五八）に中学に入学した終戦っ子八七人の半数が集団就職を体験している。産業がなく耕地面積の乏しい農村では、長男に生まれない限り、故郷を離れるのが宿命だ。

ルポは高度経済成長を支えた一人ひとりの個人史を掘り起こすことで、もう一つの戦後史を浮かび上がらせることに成功している。

取材時の終戦っ子たちの年齢は三三歳。彼らは去年（二〇一五）、日本の戦後と同じ七〇歳を迎えている。

本を読んで、この八七人の「ルポ後の現在」を知りたい、と切に思った。

（参）『都会の空はにごっていた』三木賢治（毎日新聞社）
『集団就職の時代』加瀬和俊（青木書店）

ちょっぴり意外な話

農業系新聞社から依頼があり『生類供養と日本人』という本の書評を書くことになった。海や山の動物たちを供養する慣習の歴史と意味を読み解いた本だ。著者は熊本生まれで、大分県内の高校教師、出版社は福岡市にある会社だ。

この九州の供養塔フィールドワークの本に突然、秋田関連の記述が出てきた。全国には一四四四基の魚類供養塔があるのだが、その地域分布で最も多い地域が秋田県で、なんと八八基もある、というのだ。以下、千葉、静岡、愛知、三重と続くのだが、なぜ秋田が一番なのか、がぜん興味がわいてくる。

こんなふうに思いもかけない本で「秋田」に出くわすことがある。

不意を突かれ、うろたえながら、メモを取るクセが付いた。

最近読んだ和田秀樹著『学者は平気でウソをつく』にも秋田が出てきた。書名こそ扇情的で過激だが、著者は高名な精神科医、内容も学術的でまじめなエッセイだ。

そのなかに「レセルピン」という薬について書かれた項がある。レセルピンは降圧剤のはしりのような薬で、脳卒中死亡率の高かった秋田県では一九七〇年代にこの薬を使って脳卒中を激減させている。

と同時に秋田では自殺者の数が大幅に増えた。レセルピンには重篤なうつ症状を招くという副作用があったのだ。以後この薬はまったく使われなくなった、という内容だ。

同じ項には「スタチン」の記述もあった。

由利本荘市出身の遠藤章さんが発見した血中コレステロール値を下げる薬だ。欧米ではこの薬で心筋梗塞による死亡を大幅に減らした。ところが日本ではその効果がほとんど報告されていないのだそうだ。長くノーベル賞候補といわれながら受賞がかなわないのは、このへんにも理由があるのだろうか。

民俗学者・宮本常一の本にはよく「タキギナガシ」の話が出てくる。

山奥に住む人たちは木を伐り、炭に焼いたり、大きいものは束にして川に流した。流した木は川下の町で引き上げ、マキをつくり、町の人たちに売った。これは日本中で行われていたことだが、宮本の本では秋田県仙北郡の山奥で聞いた話としてタキギナガシが登場する。

このタキギナガシの原型は、塩のない山奥で「塩を得るために」考え出されたものだそうだ。川に木を流し海の近くの町まで持っていく。その木をタキギにかえ塩と交換する。

数百年前からごく最近（昭和三〇年代）まで現金に不自由した山奥の人たちはこうして塩を手に入れていた。

……意外な秋田のエピソードだけを集め、一冊の本に編めば面白そうだ。

（参）『生類供養と日本人』長野浩典（弦書房）
『学者は平気でウソをつく』和田秀樹（新潮新書）
『ふるさとの生活』宮本常一（講談社学術文庫）

「ウサギ追い」したことがありますか？

昭和五年（一九三〇）に制定された「秋田県民歌」のことを調べていたら、作詞・倉田政嗣のあとに「修正・高野辰之」とあった。作曲の成田為三は県民なじみのビッグネームだが、同じ場所に併記されている高野は秋田県人ではない。明治九年（一八七六）長野県生まれ。東京帝大を卒業後、東京音楽学校教授になり、たくさんの唱歌を作った国文学者だ。その代表作が「故郷」。他にも「紅葉」や「春の小川」といった唱歌も高野の手になるものだ。

「兎追いし　かの山　小鮒釣りし　かの川」という有名な歌詞の「故郷」は、東日本大震災の被災地でもよく歌われた日本人の愛唱歌のひとつといっていいだろう。

この歌詞が書かれたのは大正三年（一九一四）、秋田県民歌ができる一五年ほど前のことだ。

筆者は戦後まもなくの生まれだが、この歌詞にあるような「兎追い」をした経験はない。昔の子どもたちが野山を駆けまわりウサギを追いかけていたのはいつごろの話なのか、いつから始まった「遊び」なのか、この高名な「故郷」の歌を耳にするたび、疑問に思っていた。

調べてみると意外なことがわかった。

江戸時代は人間のかたわらにウサギはあふれていた。それが明治時代になり、いや正確には日露戦争以降の関東軍の中国侵略あたりから、寒冷地の兵士用防寒具としてウサギの毛皮が重宝されるようになった。そのためウサギは大量に狩猟されるようになったのである。

高野のいう「兎追い」とは、この兵士の防寒具、あるいは食料、さらには軍事教練を兼ねた「狩り」の風景をうたったものだったのだ。

そのため現代では動物愛護運動家から「残虐きわまりない歌」と「故郷」を批判する人までいるという。

岩手県の高校では今も全校生徒が山に入ってウサギ追いをする伝統行事が残っている。どうやら「兎追い」は牧歌的な「子どもの遊び」などではなかったようである。

山歩きが趣味なので県内の山中でも時折ウサギは見かける。でも最近は雪山でもウサギの足跡を見る機会はめっきり減った。衣食のためにウサギを狩る必要がなくなり、ハンターの数も年々少なくなっている。それなのにウサギは減っている。なぜなのだろうか。

ある本に寄れば、ウサギがいなくなったのは低山から萱場(かやば)が消えてしまったせいだそうだ。萱とはススキやヨシ、スゲなどイネ科植物の総称だ。

昔、農家には必ず家畜がいた。その家畜のエサとして萱が必要だった。田んぼの堆肥もこれが原料だし、屋根を葺(ふ)くのにも使われた。農業や村の近代化が始まった昭和三〇年代を境に、その萱場が消えた。萱場はウサギの生活の場でもあった。その住み場所がなくなってしまったのだ。

(参)『唱歌「ふるさと」の生態学』高槻成紀(ヤマケイ新書)

伝統野菜と鉱山の関係

地域の気候や風土、歴史や資源などを活かしながら古くから栽培されてきた在来野菜のことを「伝統野菜」という。伝統野菜の定義は各県さまざまだが、秋田県では平成一七年（二〇〇五）、伝統野菜を次のように定義している。

*昭和三〇年代以前から県内で栽培されていたもの。
*地名、人名がついているなど、秋田県に由来しているもの。
*現在でも種子や苗があり、生産物が手に入るもの。

この定義を決める際、二一品の伝統野菜がリストアップされた。

その後、平成二六年（二〇一四）には三〇品目に増え、現在も秋田県立大学や「あきた郷土作物研究会」（二〇一二年発足）などによって調査が継続している。

定義に「昭和三〇年代」という年代的区分があるのは、このころからF1品種（一代交配種で一度しか収穫できない種）が登場し、非効率という理由で固定種（在来品種）が駆逐され、消えはじめた時期に由来する。

この選ばれた三〇品目を生産地別に秋田県地図に落としこんでみると、おもしろいことに気付いた。生産地が奥羽山脈沿いに集中し、日本海沿いがまばらなのだ。

昔から「鉱山」のあった地域に「伝統野菜」の生産地が圧倒的に多い、という地理的特徴があるのだ。

秋田県には一〇以上の鉱山があった。

鉱山には多くの労働者やその家族が住み着いた。そのためそこが野菜の大消費地になった。周辺の農家は消費があるから野菜を作るようになり、それは朝市や市日を通して一般の人たちの口にもはいるようになる。かつては一万人以上の人口があった院内銀山周辺（湯沢市）には、特に地域の名前を付した伝統野菜が多く残っている。

野菜と鉱山がこんなふうに関連しているとは意外だ。

そういえば秋田の日本酒の隆盛も鉱山と密接な関係があった。江戸や明治の時代、どちらかというと秋田の酒は「劣悪」で有名だった。酒といえばメグリ酒（どぶろく）とスミ酒（清酒）の二種類で、当時、スミ酒といえば山形県鶴岡市郊外の大山地区で造られたものを意味した（『秋田県史』第5巻）。

久保田城下よりも人口が多かった院内銀山では、劣悪な秋田の酒ではなく、もっぱら高級な大山スミ酒をわざわざ取り寄せていたという。

頭越しに酒が行き来することに発奮した湯沢の人たちは大山に酒造りの技術を学び、その甲斐もあり大正、昭和に入ると銘醸地・湯沢の名前は「東北の灘」として脚光を浴びるようになった。

酒造りのきっかけもまた鉱山だったのである。

（参）『マンガあきた伝統野菜』杉山彰（無明舎出版）
『秋田県史』第5巻（秋田県）

東北が日本から独立する日

二〇〇二年に物故した作家・半村良に『寒河江伝説』（有楽出版社）という近未来小説がある。二〇二〇年、東北が自治区を確立し、日本政府から独立する物語だ。

東京がアジアからの移民のため多民族雑居都市になるにつれ、治安が乱れ、貧富の格差が進み、エイズや肝炎、伝染病の温床となった。さらに東京に住む富裕層は東北地域に逃げ込んだ。

東北自治区設置のきっかけは、都市部に蔓延し始めた狂牛病の防疫のため境界線を設けて東北への自由な人口流入を防いだことだ。

狂牛病が蔓延したのは、生物界で防衛変異（デフェンシブ・ミューテーション）と呼ばれる現象が原因だった。家畜も地球生物の一員であることを無視し、人間はそのセックスまでをコントロール、長く自らの都合に合わせて動物を改良してきた。そのことに家畜たちが反乱を起こし、自分の肉や乳を突然変異というやり方で人類にとって有害なもの（毒）に変えてしまったのだ。

東北自治区は「ファンデーション」と呼ばれ、行政の最高責任者は首長、首都は自治区の真ん中に位置する山形県寒河江市に置かれた。不潔で貧しく汚染された東京を脱出した主人公は、清潔で文明が高度に発達した理想郷・東北自治区に潜入し、その暗部をも暴いていく、という物語だ。

東北自治区には裏の国家ビジネスがあった。

秋田県鹿角市にある生科学研究所で極秘裏にドナービジネスを行い、巨万の富を得ていたのである。世界各国の指導者たちのドナーが集められ、そのクローンを培養する施設が秋田県北部に造られていた。「ペレニアル・ユース」（不老不死）の技術開発にファンデーションは成功していたのだ。世界の権力者や富豪のドナー預託を引き受け、それを他国からの侵略を防ぐ「人質」として使っていたのだ。

狂牛病、東北自治区、クローンビジネス……荒唐無稽と笑われるかもしれないが、半村良がこの小説を書いたのは一九九一年、今から三〇年前のことだ。

日本で初めての牛海綿状脳症（ＢＳＥ）発生は二〇〇一年だから、狂牛病をはじめ道州制やドナー移植、クローン技術などが一般的な話題に上る以前に書かれたものである。

半村はこの本を出した翌年、まったく同じ舞台（東北自治区）を使い、今度はファンデーション側の行政員を主人公にした『２０３０年東北自治区』を出版している。よほど愛着のあるテーマだったのだろう。

コロナ禍の今、この本を読むと、作家の想像力のすさまじさに戦慄を覚える。


（参）『寒河江伝説』半村良（有楽出版社）

『２０３０年東北自治区』半村良（新潮社）

「まんぷく食堂」を知ってますか？

秋田駅前・金座街にあった「まんぷく食堂」は、戦後間もない昭和二二年（一九四七）に外食券食堂としてスタート、平成一二年（二〇〇〇）に店を閉めるまで、半世紀以上の歴史を持つ居酒屋だ。

秋田県では最も有名な居酒屋といっても過言ではないだろう。

「まんぷく食堂」の朝は早い。開店は朝七時で夜は九時半で閉まった。

当時の秋田駅前には近所に東北電力や食糧事務所、高等裁判所があり、国鉄や日通で働く労働者たちで一日中客が途切れることがなかった。

名物は「肉なべ」で、大半の客はこの肉なべと大きなヤカンでほどよく燗されたコップ酒を注文した。

「まんぷく食堂」の創業者、井川直治は明治四〇年（一九〇七）に河辺郡下北手（現秋田市）で生まれた。

教師になる道を選んだ井川は秋田師範に入学、卒業後、花岡（現大館市）の小学校で一年間教鞭をとったのち満州に渡る。満州で結婚し、終戦によって引き揚げるときには妻と四人の子供がいた。

秋田に帰ってきたのは昭和二一年（一九四六）、下北手の実家に居候させてもらい、秋田市内までリヤカーを引き、野菜の行商に出た。

「これからは食いものの時代だ」と直感した井川は、翌年、秋田駅前に外食券食堂を開店する。魚定食がメニューの中心だったが、八郎潟でとれる小魚チカをいれた豆腐なべが好評で、その二番煎じとして加わったのが肉なべだった。

昭和三〇年代に入ると定食よりも酒めあての客が増えはじめ、最盛期には一日で二〇〇本の一升びん（日本酒）が空になり、使うラーメン玉は四〇〇個にものぼった。

井川は店内にパチンコ台を置いて集客に使ったこともあるアイデアマンだが、筋金入りの頑固者でもあった。食材の仕入れ先からビールや酒の銘柄、取引銀行まで、最初にお世話になった業者に義理立てして、生涯そこを変えることがなかった。

人気の肉なべも、煮干しと昆布と鶏のガラでスープをとり、肉もモヤシもコンニャクも同じものを同じ量を量り、時代が移っても、決してその味を変えなかった。

店が軌道に乗ると井川は店を次女夫婦に任せた。

昭和五三年（一九七八）、「まんぷく食堂」は鉄筋3階建て店舗を新築し移転。井川はすでに病床にあったが、その新店舗を見届けて5カ月後、息を引き取った。享年七二だった。

二一世紀に入る直前に多くの人に惜しまれながら「まんぷく食堂」はその幕を閉じた。

戊辰戦争の深い傷跡

二〇一九年、鹿角市毛馬内にある「鹿角市先人顕彰館」を訪ねた。特別展示中の「戊辰戦争の中の鹿角」を観るためだ。

都合のいいことに隣町の「小坂町町立総合博物館郷土館」でも「戊辰戦争・明治維新150年カウントダウン特別展」の「夜明けはまだか―明治の近代化と小坂鉱山」が開催されていた。

こちらへも足を延ばしたのだが、ここでは去年まで「落日の英雄たち―戊辰戦争と鹿角」が開催され、展示テーマはそのシリーズの続編にあたるものだそうだ。

いうまでもなく二〇一九年は、近代の幕開けとなり日本史の一大転換点である明治維新から一五〇年の年だ。

東北各地にとっては「朝敵」の烙印を押され、悲惨な戦闘を余儀なくされた戊辰戦争から一五〇年の節目の年でもある。そのため東北各地（岩手・山形・宮城・福島）では義に殉じた先人の功績を顕彰する様々な「戊辰戦争イベント」が開かれた。

しかし秋田県内は、角館などの一部地域を除けば戊辰戦争への関心は薄い。無念さの中で近代を迎えた東北各地の「朝敵藩」に比べ、関心に大きな温度差があるのはやむを得ないのかもしれない。

当初、秋田藩は薩長の新政府軍に抗い奥羽越列藩同盟に加わったものの、藩内の勤皇派が主導権を握ると、いち早く同盟離脱を決めた。

そして新政府軍とともに盛岡藩や庄内藩と戦うことになる。

東北の中でひとり複雑な立ち位置にあり、そのため戊辰戦争を検証するというよりは、明治維新という近代化革命を寿ぐ立場にある。

だから秋田県内で本格的に、しかも長期にわたって「戊辰戦争一五〇年」の企画展を実現できたのが鹿角市や小坂町だけというのも、当然の成り行きだろう。

廃藩置県により鹿角地方は朝敵とされた盛岡藩の手を離れ、江刺県となり、そして秋田県へ編入された地域である。

史料展示には「鹿角の石高は二万石程度だが、郡内の鉱山の価値は一〇万石に匹敵する。盛岡藩に任せることは、朝廷の損失である。」という報告書や「明治政府は、国家の財政基盤を強化するために、鉱山の官営化を計画している。」という記録（政府への意見書）も飾られていた。

「秋田県民歌」の三番の歌詞には「錦旗を護りし戊辰の栄（はえ）は」という文言がある。この県民歌への鹿角の人たちの反発は強い。

県民歌が制定されたのは昭和五年（一九三〇）だから、時代錯誤も甚だしいと鹿角の人々に言われれば、秋田県民としてはうなだれるしかない。

同じ県民の中に戊辰戦争の勝者と敗者がいる。

映像の中の「秋田」

亡くなった原節子主演の『麦秋』（小津安二郎監督・昭和二六年制作）を観直した。この作品には原が秋田弁で友人と会話する印象的なシーンがある。その流ちょうでお茶目な秋田弁に驚き、以来彼女のファンになった。

『麦秋』は原節子の作品の中でも喜怒哀楽のはっきりした、セリフや感情表現の多い役だ。

原（役名・紀子）の夫は秋田の県立病院内科部長として赴任し、「ツツガムシの研究」をしたいという医師。そのため原（紀子）は赴任に先立ち、秋田弁を猛特訓し、友人役の淡島千景と丁々発止で秋田弁のやり取りする。昔観た時は、この秋田弁のやり取りは延々と続いたように記憶していたが、見直してみるとわずか三〇秒ほどだった。思い込みというのは恐ろしい。

原の映画は昭和二〇年代だが、私の少年時代は昭和三〇年代。映画館に行くと本編の幕間にかならず「県政ニュース」が流れた。このニュースが始まると退屈だったのが今も記憶に残っている。

その「県政ニュース」の映像アーカイブ上映会が毎年、秋田県公文書館の主催で見られるようになった。

テレビが普及していなかった時代、県政ニュースは県内八〇館あまりの映画館で上映される県民の貴重な情報源だった。

その半世紀ぶりに見たモノクロのスクリーン映像に興奮が隠せなかった。心はいつしか少年時代に飛び、涙が出そうになるほど感動した。

特に三〇年代初期のハタハタ漁の映像には驚いた。直径一メートルほどの丸網でハタハタをすくい取る「わっか網」という原始的漁法で、ほとんど子供の遊びだ。

「さよならランプ生活」は昭和三四年の鷹巣・開拓村の風景で、この時点で秋田県内開拓地の三分の一にまだ電気が通っていない、というナレーションにショックを受けた。

もっとも新しい県政ニュースは昭和四四年の「秋田農業大博覧会」。これは八郎潟干拓事業完成と明治百年を記念した祭典で、特別招待者は三船敏郎と倍賞千恵子だった。三船の父親が秋田出身なのは知っていたが、倍賞の父親も十和田大湯（現鹿角市）出身だった。

倍賞が出演した映画『男はつらいよ』シリーズの中に一作のみ秋田を舞台にした作品がある。三五作目の『寅次郎恋愛塾』（昭和六〇年制作）で、マドンナ役は樋口可南子。彼女に恋をする司法試験を目指しているダメ男役が平田満で、彼の故郷が鹿角市という設定だ。

秋田県といえば男鹿や角館といった映画ロケの定番地域があるのに、なぜ鹿角市なの、と不思議に思ったが、寅次郎の妹「さくら」（倍賞千恵子）の父親の故郷だったわけだ。もちろん鹿角市サイドの熱心なロケ誘致活動があったのだろう。

ちなみに二〇作目『寅次郎頑張れ！』（昭和五二年制作）に出演した大竹しのぶの出身地は秋田県大森町（現横手市）という設定だが、映画そのものの舞台になったわけではない。

酒蔵のちょっといい話

大仙市神宮寺・刈穂酒造に「六舟（ろくしゅう）」という酒がある。もろみを酒袋に入れ圧搾する箱を「槽（ふね）」という。刈穂酒造には今もこの昔ながらのしぼりの「槽」が六基も現存している。そこから名付けられた酒名だ。命名は京都の料亭「梁山泊」店主・橋本憲一さん。もともとこの酒はそこのプライヴェート・ブランドとして造られたものなのだ。

酒のラベルを揮ごうしたのは作家の故・水上勉だ。これは橋本さんから直接うかがった話で、酒蔵でも命名のプロセスまでは知らなかったらしく、ラベルに記載された「勉」というサインが、あの高名な作家の水上勉であることは後から知ったのだそうだ。

その「六舟」はおいしさが評判となり、刈穂酒造では一般酒として売り出し、現在の人気ブランドにまで成長させた。

こうした意外で驚くような「ちょっといい話」は県内の酒蔵に多く眠っている。歴史が長く伝統と格式のある秋田の酒蔵ならではだろう。

潟上市飯田川にある小玉醸造は「太平山」というお酒で知られている。

この会社が初めてコマーシャル・ソングを作ったのが昭和四二年（一九六七・お披露目は翌年）。この年、大潟村では第1次入植者の入村が始まり、秋田市には県立美術館や平野美術館が開館している。NHKテレビの受信契約数が二〇〇〇万台、普及率八割を超えた年でもある。

こうした時代背景を受けてのコマーシャル・ソングだった。作曲は大ヒットメーカーの中村八大、作詞は永六輔事務所（永六輔本人ではなくスタッフの中井征）、歌手はなんと加藤登紀子である。

加藤さんは東大在学中に日本アマチュアシャンソンコンクールで優勝し、二枚目のシングル「赤い風船」が日本レコード大賞新人賞を受賞して人気が出始めたころ。一般的にはまだ無名で「ひとり寝の子守唄」がヒットするのが昭和四四年（一九六九）、学生運動家・藤本敏夫氏と獄中結婚が話題になるのは昭和四七年（一九七二）のことだ。

「先代社長は新しいもの好き。革新的なものに興味を持っていた人でした」と当時を振り返るのは現・小玉醸造社長の小玉真一郎氏。

当時まだ中学生だったが、先代社長の父親に「歌手は倍賞美津子（親が秋田出身）か加藤登紀子、どっちがいい？」と訊かれたのを覚えているそうだ。

このコマーシャル・ソング「太平山の唄」は、今もソノシート版として小玉さんの会社に数十枚残っていて、聴くことができる。

反骨のジャーナリスト・蛭田徳弥

地球の反対側にあるブラジルへの移民が始まったのは明治四一年（一九〇八）、もう一〇〇年以上も前の話で、秋田からも多くの移民が海を渡った。

第2次世界大戦後、ブラジルで敵国人として情報から遠ざけられた日本人移民たちは、敗戦を信じない勝ち組（信念派）と、敗戦を悟った負け組（認識派）にわかれ、一〇年にわたって一〇〇人以上の死傷者を出す血みどろの抗争を繰り返した。七割近い移民たちが当時は日本の敗戦を信じない勝ち組だったという。

その異常な移民社会の対立を憂慮し、「日本の敗戦」をプロパガンダするため昭和二二年（一九四七）、サンパウロに「パウリスタ新聞」という日本語新聞が創刊された。

オーナーは蛭田徳弥。蛭田は勝ち組特攻隊員に命を狙われた負け組のリーダーの一人だった。

蛭田は明治三四年（一九〇一）、北秋田郡田代町早口（現大館市）に生まれた。旧制大館中学（現大館鳳鳴高校）をストライキ事件で中退し満州（中国東北部）に渡り、そこからブラジルへ大正一二年（一九二三）に移住。サンパウロ近郊の農場に入植したが、昭和五年（一九三〇）にサンパウロにあった邦字紙「日伯新聞」に転職、田舎回り専門の営業担当として働いた。

昭和一五年（一九四〇）、日本とブラジルの関係が悪化すると、邦字新聞はすべて発行禁止になる。蛭田は印刷会社を興し、旧社員たちの生活を擁護するため奔走する。

そして敗戦。勝ち組の負け組へのテロは日ごと激しさを増し、日系移民には正しい情報がまったく伝わらなくなっていた。

このままでは救いがたい事態を招いてしまうという危機感から、蛭田は有志を集め日本語の新聞を発行する。それが「パウリスタ新聞」だ。

蛭田の新聞は日本語に飢えていた移民たちに喜ばれた。

蛭田が亡くなったのは昭和四七年（一九七二）、七一歳だった。

その二年前、新聞人や日系社会のオピニオンリーダーとしての功績が認められ、日本政府より勲五等瑞宝章が贈られている。

パウリスタ新聞は創刊から二年後、「日伯毎日新聞」と二つにわかれるが、平成一〇年（一九九八）には再び合併、「ニッケイ新聞」となる。

二〇二一年現在、ニッケイ新聞の編集長は深沢正雪さん。反骨のジャーナリスト・蛭田徳弥にあこがれ、九〇年代に日本からブラジルに移住しパウリスタ新聞に入社したという。

深沢さんは尊敬する蛭田の志を受け継ぎ、戦後七〇年経った今も移民社会で深いトラウマになっている勝ち組・負け組抗争の取材を今も続けている。


（参）『南十字星とともに―秋田県海外移住70年の歩み』（秋田県）

『「勝ち組」異聞』深沢正雪（無明舎出版）

イザベラ・バードと「与階軒」

明治十一年（一八七八）、四七歳のイギリス人女性イサベラ・バードは馬で三カ月間かけて東北・北海道を旅した。

その旅行記は、妹へ送った手紙をもとに『日本奥地紀行』という題名で本になっている。

バードは東京を出発し、越後、山形を通り、秋田に入る。記述は七月二一日の神宮寺（神岡町）到着から始まり、八月二日青森碇ケ関に抜けるまで、全五〇〇ページ中約七〇ページが秋田見聞記に割かれている。その多くは外国人を珍しがって群がってくる貧しい身なりをした群集（秋田の人々）や自然の美しさ、宿や道路への罵倒（ばとう）がもっぱらで、食事に関する記述がそう多いわけではない。

秋田では「乾（ほ）し米の練り粉と酸っぱい黄色の木苺（きいちご）」や「大豆から作った味のない白い豆腐に練乳を少しかけた」もの、「卵はなくて、米飯ときゅうりだけ」といった粗末な食事内容を嘆くばかりだが、その中にビフテキに関しての記述が二回ほどある。

よっぽど食べたかったのだろう。一度目は横手で、毎週木曜日に雄牛を殺すことを知り、夕食にビフテキを期待するが「全部売り切れで、卵もなかった。米飯と豆腐の哀れな食事」とひどく落胆している。

二度目は県都・久保田（秋田市）で「おいしいビフテキと、すばらしいカレー、きゅうり、外国製の塩と辛子がついた、眼が生きいきと輝く西洋料理」を食べた、とある。このせいもありバードは「日本の町で久保田が一番好き」とまで書いている。

バードはその食べた料理店の名前までは書いていない。当時、ビフテキを食べさせるようなハイカラなレストランが秋田市のいったいどこにあったのだろうか。

井上隆明著『秋田の今と昔』に「明治11年、川反4丁目に『与階軒』という洋食屋が開店した」という記述があった。

経営者は秋田師範の教諭で、開店発起人には県令（今の県知事）の石田英吉の名前もある。洋食マナー指南として元江戸藩邸料理係の武士・平沢友三郎がいる。

平沢は秋田の料理屋や旅館に本格的な江戸料理を広めたことでも知られている。

「与階軒」は時代が時代だけに営業には苦心したようで、あまりに客が入らないため発起人でもある石田は「月に一回は必ず与階軒で西洋料理を食べるよう」県庁役人に布令したという。

バードがビフテキを食べたのは、たぶんこの与階軒というレストランに違いない。閑古鳥の鳴く与階軒に突然現れた客が、外国人女性なのだから、さぞや店の人たちは驚いたことだろう。

（参）『日本奥地紀行』イザベラ・バード著・高梨健訳（平凡社ライブラリー）
『秋田の今と昔』井上隆明（東洋書院）
『イザベラ・バード紀行』伊藤孝博（無明舎出版）

ガンガン部隊とババヘラアイス

昭和三〇年代から四〇年代にかけて秋田市ではガンガン部隊とよばれる行商人の姿を多く見かけた。箱型のブリキ缶を五、六個重ねて背負い行商する中高年の女性たちだ。缶の中身は八郎潟で取れるシラウオやワカサギ、ゴリなどの小魚、乾物で、それらは「潟もの」とよばれ、秋田市民にとっては貴重なたんぱく源でもあった。

歩くたびにブリキ缶がぶつかって「ガンガン」と音を立てるところから「ガンガン部隊」とよばれるようになったという説や、もともと北海道の方言でブリキ缶を「カンカン」と言うことから、それがなまったもの、ともいわれている（ちなみに「一斗缶」のことを秋田でもガンガンというようだ）。

いわば戦後間もない食糧難の中の日本で生まれた「女性版カツギ屋」である。

彼女たちは朝早く八郎潟の漁師から魚を仕入れ、それをブリキ缶に入れ、汽車で秋田市にやってくる。

店開き（露店）する場所は秋田駅そばの市民市場の場外だ。そこに座り込み「新鮮な潟の小魚」を売る威勢のいい彼女たちは、秋田市民にはなじみの存在でもあった。

ガンガン部隊が姿を消していくのは昭和四〇年代後半から。秋田ではその萌芽はすでに昭和三〇年代にあった。

というのも昭和三九年（一九六四）一〇月一日、モデル農村大潟村が誕生した。この干拓事業でガンガン部隊の状況は一変したのだ。ある日突然、生活の糧であった八郎潟そのものが、魔法にかかったように消えてしまったからだ。

くわえて漁師の後継者不足、高度経済成長期の食文化の変化で漁獲量や消費量が激減した。さらに移動や流通は汽車から自動車へと劇的に変わっていく。

ガンガン部隊の役割は終わったのである。

彼女たちの多くは廃業や転職を余儀なくされた。

なかには市民市場の「場内」に店を開くものも少なくなかった。市場のにぎわいを「場外」（露店）から支えてきたガンガン部隊が、今度は市場の「場内」からその活気を担うことになったのである。

さらにその一部は、ババヘラアイスの売り子としてしぶとく生き残った（というのはあくまで私の推測だが）。

ババヘラの製造所や売り子の出身地が八郎潟周辺に集中しているのもその根拠だ。消えた八郎潟の幻影を背負いながら、ガンガン部隊の末裔たちは市民市場の顔として、あるいはババヘラアイスの売り子として、いまも私たちのくらしに生き続けている。

（参）『ババヘラの研究』あんばいこう（無明舎出版）
『行商列車—「ガンガン部隊」を追いかけて』山本志乃（創元社）
『八郎潟——ある大干拓の記録』千葉治平（講談社）

ミソ味のキリタンポって、あり？

コロナ禍の真っただ中、「ミソ味のキリタンポ」なるものが発売され、ちょっと話題になっている。稲庭うどんの店に入ってもオリーブオイルを使ったメニューがあるし、目くじらを立てるほどのことでもないのだが、たぶん鹿角の人たちにとっては心中穏やかならざるものがあるのではないのだろうか。

というのも、キリタンポ発祥の地と言われる鹿角の人たちにとって、キリタンポはもともと「しょうゆを味わうために考えられた家庭料理」だからだ。

鹿角の「しょうゆ」は県内他地域のどことも違う独特のものだ。

「鹿角以外でキリタンポ鍋を食べても、おいしくない。調味料のしょうゆの味が違うから」と鹿角の人たちは異口同音に言う。

もともとキリタンポはマタギや鉱山坑内で使う木材を切り出す山人たちの野外食だった。比内地鶏を味わう鍋料理でもなければ、新米を寿ぐための行事食でもない。それが時を経て鹿角の家庭料理になった。

筆者も花輪にある老舗・浅利佐助商店の「百年蔵」というしょうゆを舐めてみて驚いた。たまりのようにねっとりと濃厚なのに味は辛みを抑え、さらりとした甘みがある。その独特の風味は市販の大手メーカーのしょうゆになじんだ舌には新鮮だった。

このしょうゆこそがキリタンポ料理のメイン食材なのである。

古くから秋田では味噌の自家醸造が盛んだった。麦で醸造される醬油が普及するまでは「たまり」（熟した味噌にたまった液汁）が調味料の主流だった。

そんななか浅利佐助商店がしょうゆ製造に乗り出したのは明治五年（一八七二）で、これは県内ではかなり早い。

『鹿角市史』よれば明治後半には花輪のしょうゆ製造は秋田県一の生産高を誇っている。小郡とはいえ鉱山という大消費地があったためだ。明治二六年（一八九三）には酒造業が八軒、こうじ業者も花輪だけで三六軒もあった特別な地域である（佐藤政治著「花輪の昔を語る」)。

この浅利佐助商店が造り出した「しょうゆ」がきっかけになり、これを手軽に味わうため家庭料理のキリタンポ鍋が生まれた、という経緯があるのだ。

花輪の中心商店街を歩いていると、老舗の蕎麦屋は「南部そば」だし、南部せんべいの専門店、南部鉄器を売る金物屋さんや肉屋さんも目につく(明治期から肉屋が秋田でもっとも多い地域だ)。コメや酒以外の秋田の特産品は実は鹿角地方で生まれ育ったものが少なくない。

フキの砂糖漬けやとんぶり、若者に人気のホルモン鍋……南部の風土でなければ生まれなかった食文化が今も息づいている地域なのだ。


(参)『鹿角市史』(鹿角市)

『花輪の昔を語る』佐藤政治(私家版)

秋田藩「お薬」事情

江戸時代、庶民の常備薬と言えば「富山の置薬」だ。

富山の行商売薬が始まったのは元禄三年（一六九〇）ころと言われている。行商人から富山藩に多額の上納金が入るため、藩は他領での「商売勝手」（行商）を強力に保護した。そうした背景もあり富山売薬は蝦夷地を除いてほぼ全国に行き渡ることになるのだが、享保二年（一七一七）、秋田藩は領内での富山売薬の行商を禁じている。

富山の売薬は当時の秋田領民にとって大切な暮らしの常備薬だった。

秋田藩は領民の命綱ともいえる富山売薬をなぜ突然、統制したのだろうか（領内三軒の特約店だけに販売を許可した）。

半田和彦氏の論考（「秋田藩、富山売薬を排除」）によれば、その理由は定かでなく、特別な富山置薬に代わる国（藩）産薬製造の展望があったわけではないらしい。

興味を持ってさらに詳しく調べてみると、意外にも二〇一九年に放映されたＮＨＫテレビ「歴史ヒストリア・富山の薬売り」にその答えがあった。

当時の八代将軍・徳川吉宗の「享保の改革」（一七一六〜一七二〇）が「統制」の理由だった。この改革で全国一八の藩（秋田藩も含む）が、富山の薬売りなどの他藩商人の締め出しを決めたのだそうだ。

半田市の論考に戻ろう。

この売薬統制から八〇年後の寛政九年（一七九七）、藩は藩校・明徳館内の医学館で製造された薬を領内の村々に配布しはじめている。

そして文政三年（一八二〇）、台所町（現秋田市千秋トンネル旭川側出口付近）に薬草園を設けている。

医者に本草学の教育を授け、領民に薬草の知識を普及させ、自生する薬草を採取させるためである。

藩自前の薬草園経営はそれなりの効果を上げる。

文政年間（一八二〇年代）には朝鮮人参栽培にも取り組んでいる。当時、朝鮮人参は病気予防や治療の目玉ともいうべき薬で、会津藩が栽培に成功、藩の専売特許のようなものであったが、秋田藩はこのご禁制の種子を会津藩から手に入れ、人参師（栽培のための技術者）まで会津から引き抜いている。

こうして藩内製造した各種薬で領民の健康を守ることに一応成功した秋田藩だが高度な技術を要した薬草栽培や製薬のノウハウ、医学的データの蓄積は廃藩置県とともに一夜にして消えてしまう。

薬草栽培は藩財政をうるおしたものの領民に格別の事業的利益をもたらさなかったため、官の熱意が冷めれば民も関心を失い、薬草園はまたたくまに廃虚と化してしまったという。

ちなみに富山藩は強力な後押しをして売薬業の主体を民間に移譲し藩が消えても富山売薬は存続した。

（参）『秋田藩の武士社会』半田和彦（無明舎出版）
『富山の薬売り』ＮＨＫテレビ「歴史ヒストリア」

鳥海山をめぐる県境あらそい

秋田県民歌にうたわれる「秀麗無比なる鳥海山」という歌詞に、「山形県の山を秋田県の人に宣伝してもらい恐縮です」と、山形の人から皮肉を言われたことがある。

両県の県境は鳥海山系の稲倉岳から飯ケ森を結び、そこから南に折れたきれいな三角形で、秋田県側に不自然に飛びだしている。

この不自然ともいえる県境が決まったのは宝永元年（一七〇四）のこと。もう三〇〇年以上前に確定した境界である。この時に決まった藩境が明治の廃藩置県にさいしても、そのまま県境として認められ、現在に至っているわけである。

もともとの藩境をめぐる火種は修験者（山伏）たちの宗派による山頂所有争いだった。

鳥海山には古来より大物忌神が祀られている。そのため山麓各地から修験道が発達した。教義からいえば山形側は庄内藩・本山派天台宗（順峰・じゅんぶ）で、秋田側は矢島藩・当山派真言宗（逆峰・ぎゃくぶ）である。

この二派が大物忌神社殿の位置と所有をめぐり長く対立、これに庄内藩と矢島藩の領土的な思惑が絡んで複雑化し激しさを増したものだ。

最初は法門による裁決を仰いだのだが、藩境をめぐる政治的問題のため解決が難しく、奉行所の判断を仰ぐことになる。

奉行所では『延喜式』の「三代実録」という古文献の「大物忌神社は飽海郡の山上」という記述を根拠に、矢島側の訴えを退けた。

が、納得できない矢島側は幕府寺社奉行へ裁決方を出願（訴状提出）。寺社奉行は、土地の境界を論ずる案件のため評定所にその判断をゆだねた。

評定所は江戸から大目付や絵図方など一行四二名もの検使を赴かせ現地調査まで行った。

この調査の結果、「(鳥海山の）由利郡七合目以南は飽海郡」という結論に達し、ここに矢島側の敗訴は決定した（『鳥海山』式年遷座記念誌刊行会編・鳥海山大物忌神社刊を参照)。

矢島側の記録によると、この評定所の裁定後、庄内藩との交渉を担った矢島藩の若き家老は庄内藩家老宅前で抗議の切腹をした、とも語り継がれている。

閑話休題。秋田県民歌に皮肉を言われた身としては、山形の県民歌にも一言、反撃を試みたい。

山形の「県民の歌」(「山形県民歌」はスポーツ時のみ歌う別物)は、「広き野を　ながれゆけども　最上川　うみに入るまで　にごらざりけり」とまるで和歌のような短いあっさりとしたもの。

これは昭和天皇の御製を県民歌にしたものだ。

……うかつに挑発には乗らないほうがよさそうだ。

(参)『鳥海山』式年遷座記念誌刊行会編(鳥海山大物忌神社刊)
『矢島町史』(矢島町)

フキと秋田おばこの関係は？

毎年六月、フキの収穫時期になると秋田市・仁井田にあるフキ畑に大勢のマスコミが押しかけ、秋田おばこの衣装（農作業着）をまとった若い女性とのツーショット撮影があり、その映像が全国に流される。

観光用の絵はがきもフキの傘の下には必ず農作業着姿の若い女性が映りこむのが定番だ。

JR秋田駅中央改札口にもフキの葉に腰かけた秋田おばこのブロンズ像が設置されている。

そこで素朴な疑問なのだが、フキと秋田おばこはどのような関連があるのだろうか。

フキはキク科の多年草で原産地は日本だ。北上するにつれ大型化するのが特徴で、語源は冬に黄色の花を咲かせるところから「冬黄（ふゆき）」、それがつまったものだ。雪を割って春を知らせるフキノトウを秋田弁で「バッケ」という。地上に初めてでる芽「はつけい」（初穎）が音変化したものともいわれている。

北海道や奥羽山脈の山野のどこにでも生えていた大フキが、なぜ秋田だけの特産品になったのか、そこには歴史的なエピソードが隠されている。

寛延元年（一七四八）、秋田藩主・佐竹義峰が江戸城内で領内の名産自慢をした。「比内長木沢（現大館市）のフキは、その太さ竹のごとく、葉はからかさのようである」と。並みいる諸大名はその話をいぶかしみ、「佐竹は大ボラ吹き」と嘲笑した。その恥をそそぐため義峰は国元・秋田に急使を出し、大フキ二本を送らせ、現物で諸侯を黙らせた……多少の誇張はあるのだろうが、事実を裏づける史料もあり講談にもなったほど有名な話である。

さらに時代は戦前まで飛ぶ。観光用の絵はがきといえば、絵柄は特産品と人気の芸者さんのツーショット、というのが全国どこでも定番だった。テレビCMに人気女性タレントを使うのと同じだ。

そんななか三人の秋田の男たち（相場信太郎・勝平得之・河村周吉）が、それではありきたりだと斬新なフキのための観光絵はがきを企画した。それぞれ秋田で高名な文化人、版画家、写真家である。

彼らは定番の芸者（タレント）に代え、普段の仕事着をつけた農家の娘たち（素人）を起用することにしたのである。画期的な試みだった。しかし、まもなく戦争が始まり、肝心の印刷用紙の入手が困難になり、企画は挫折した。

戦後になってその企画は実現し、このとき撮影された写真が以後の「フキと秋田おばこ」の定番写真として現在まで踏襲されていくことになる。

これは相場信太郎著『秋田蕗（ふき）』という豆本の「あとがき」に記されていることである。

（参）『秋田蕗』相場信太郎（秋田文化出版）

歴史の道にはドラマがある

古代、大和朝廷が奥羽地方の蝦夷を制圧して全国統一を果たそうとした時代から、奥羽山脈は陸奥と出羽を分ける険しい障壁だった。

その山脈に「古代五道」（「鷲座（わしくら）」「柳沢」「大菅の谷」「楯座（たてくら）」「石座（いしくら）」）といわれる山越えの道が拓かれた。

それらは今、須川峠、柏峠、白木峠、真昼峠、国見峠（仙岩峠）という名で引き継がれているが、そのひとつ柏峠を歩いてきた。

東成瀬村教育委員会主催の「仙北道現地調査」に同行したのだ。

「仙北道」とは東成瀬村手倉から岩手県奥州市下嵐江（おろせ）までの約六里（二四

キロ）をいう。今回は林道終点の姥懐（うばふところ）から岩手・大寒沢林道終点までの約一二・三キロのブナ街道を歩いた。

歩き始めて一〇分、仙台藩と秋田藩の藩境塚をこえた。この街道の最も標高の高い柏峠山頂（一〇一八m）までは一時間二〇分ほどだ。その山頂から山ノ神、栗畑、中山小屋と標高を下げ、中間地点の小出川に出る。ここまで四時間。小出川からは本格的な山登りになり一挙に標高九三四mの大胡桃山まで登る。あとはゴールまでずっと下りで約八時間の歴史の古道歩きは終了した。

仙北道は、古代から中世にかけて日本海側の出羽と太平洋側の陸奥の国を結ぶ重要な軍事道路だった。蝦夷やアイヌが朝廷側によって平定されると、その後も生活の道、旅の道、逃亡の道（キリシタン）としてにぎわった。

千年を越える長い歴史を持つ街道なのだが、大正時代、北上―横手間に平和街道（国道一〇七号）が開通すると、人々の記憶からすっかり消えてしまった。

再び息を吹き返したのは八〇年後の平成二年（一九九〇）、岩手県胆沢町（現奥州市）の踏査隊が、迷いながら二日がかりで東成瀬村手倉口にたどり着き、これを契機に秋田と岩手の交流が始まり、今に続いている。

「仙北」という名称は古代、秋田の県南地方（雄勝・平鹿・仙北）が一括して「山北」（これが「仙北」になった）と呼ばれていたことに由来する。「山」とは神室山のことだ。秋田側からは仙台領（岩手県南部も昔は仙台領）へ行く道なので、当時は「仙台道」と呼び慣わしていたときもあったようだ。

文政八年（一八二五）、西成瀬村（現増田町）の肝煎・加瀬谷正右衛門はこの道を牛馬が通れるよう拡幅工事を行った。

今でいう「村おこし」だが、その行為は秋田藩の逆鱗に触れ、三年もの入牢を余儀なくされている。

世に「手倉越え牛道事件」と呼ばれるものだが、なぜ秋田藩がなぜ街道の拡幅を許さなかったのか理由はわかっていない。

（参）『増田町史』（増田町）
『「学力日本一」の村』あんばいこう（無明舎出版）

料理に砂糖を使いすぎる理由

「秋田の料理は砂糖の使いすぎ」という風評が立ったのは昭和四〇年代後半のことだ。秋田市の名の売れた旅館で、仲居がしょっつる鍋にむやみに砂糖を入れるのに作家の永井龍男が憤慨、そのことをエッセーに書いたあたりから風評が全国区になった、といわれている。

砂糖は明治、大正まで庶民にとって貴重品だった。

戦後になっても白砂糖はめったに口にできない貴重品で、小皿に盛られ「お菓子」として扱われたほどである。特に農村部では砂糖信仰が強かった。砂糖を「都会的でぜいたくなもの」と信じられていたためだ。

戦後になり砂糖が豊富に出回るようになっても、農村部にはその昔の価値観だけが残り、来客があるときの料理などには意識的に砂糖が多く使われることになった。

わずか半世紀前まで砂糖の消費量がその国の生活水準の目安とされた時代があったから、単純に農村の砂糖信仰を笑うことはできない。

まだ飲食店などが少なかった昭和三〇年代まで、秋田の町や村には「料理人」とよばれる中高年の女性たちがたくさんいた。

祝儀、不祝儀といった人の集まる宴席があれば、その家に泊まり込みで大人数の料理を作った。今の板前さんやコックさんの代役である。

料理人には男もいたが、なぜかほとんどが女性だった。彼女たちの腕のふるいどころは口取り料理（祝い膳などの甘い肴）だ。

山間部では新鮮な魚類が手に入らないため、「畑の肉」といわれる大豆を使った豆腐料理が口取りの主役だった。特別な席には大豆料理も欠かせなかった。これも昔からの習わしで、中世の頃から日本では大豆に呪術的な力があると信じられていた。節分の豆まきや病よけの大豆料理は異界との交流の象徴でもあった。冠婚葬祭のとき秋田の県南地方では必ずといっていいほど大豆料理が出る。

豆腐をこね高価な砂糖をたっぷり入れ、せいろうで蒸す「豆腐かまぼこ」や「豆腐カステラ」（豆腐水仙と呼ぶ地域もある）だ。これらの料理も料理人の腕の振るいどころだった。

日常を超えた呪術的な力を持った大豆と、めったに口にできなかった砂糖を組み合わせた甘い豆腐料理は、県南の人々にとって舌になじんだ郷土の味でもある。

こうした料理のうまさの基準は「甘さ」だ。

民俗研究家の故太田雄治氏の説によれば、料理人に女性が多かったのは、高価な砂糖を着物に隠してくすねることが多かった男の料理人が嫌われたせいだそうだ。自由に着物の帯が解けない女性は砂糖の隠し場所がなく、雇い主には好都合だったのである。

（参）『秋田たべもの民俗誌』太田雄治（秋田魁新報社）

ショッツルとハタハタは無関係？

秋田で「ショッツル」（塩汁・魚醬）といえば誰もがハタハタを原料にした調味料、と信じているが、これは間違いだ。

魚類の加工も利用方法も発達していなかった昔、海の魚は人馬の力の及ぶ限り奥地へ運ばれ、売りさばかれた。運びきれないものは自家用にし、それでも残ったものは塩蔵した。イワシやサバが大漁になると、忙しくその加工にまで手が回らなくなる。そこで手っ取り早い保存方法として塩蔵した。しかし豊漁が続くと漬け込む容器も塩も不足し、そうこうするうちに魚の身は崩れドロドロになり……といったあたりがショッツルの起源である。偶然がもたらした調味料なのである。

だから原料になる魚は小魚であれば何でもよかった。

秋田のショッツルの原料は昔からイワシが最高といわれていた。明治になってしょうゆが一般家庭に登場すると、全国各地にあった魚醤類は消えていった。臭みがなく風味に勝るしょうゆのほうが魚醤より好まれたからだ。

そんななかで秋田のショッツルが生き残り続けたのは、ひとえに「秋田名物ハタハタ」の副産物としての存在感からだ。

ここでようやくショッツルといえばハタハタ、というイメージができあがった。

ショッツル発祥の地は秋田市の新屋浜といわれている。ここでは製塩業が盛んだった。新屋浜でとれた魚はいったん塩漬けにされ、川舟で仙北方面まで運んで売られていた。そのときに売れ残った魚は浜に持ち帰り、樽（たる）に入れて貯蔵した。それが自然発酵してショッツルになった、といわれている。

幕末のころからは藩の庇護もあり、新屋村（当時は河辺郡）の大門助左衛門が、従来より良質（臭みのない）のショッツル生産を可能にした。

春はオオバイワシ、秋はハタハタが原料で、最上級の原料はシラウオだったという。

業者の話によると、全国的に秋田のショッツルが知られるようになったのは昭和八年

（一九三三）、東京に持っていったのがきっかけだそうだ。

生産がもっとも多かったのは昭和一五年（一九四〇）から昭和二五年（一九五〇）までの一〇年間。日中戦争、太平洋戦争そして敗戦による物資欠乏時代で、しょうゆの代用品として重宝されたのだそうだ。

終戦直後は秋田市内だけでも二五軒の製造業者がいた。昭和三五年（一九六〇）ころからオオバイワシがとれなくなり、ハタハタが唯一の原料になったという。

（参）『秋田たべもの民俗誌』太田雄治（秋田魁新報社）
『ハタハタ』渡邊一（無明舎出版）
『聞き書秋田の食事』（農山漁村文化協会）

マタギのびっくりグルメ

マタギたちに「獣肉美味ベスト三」をあげてもらうと「サル、カモシカ、アナグマ（別名マミ）」だという。カモシカは舌やフンまでおいしいという証言まであった。サルはニホンザルのことで大正時代までは県内各地に群生していた。その鍋（貝焼）は砂糖なしでも甘ったるく、比内鶏より濃厚でうまい脂がでるという。アナグマも「マミ汁」と称して鍋で食べる。獣肉の多くは寒中が一番うまい時期だそうだ。

古い時代から仏教のタブーで、日本には獣肉の食習慣がなかったが、そのタブーに支配されない唯一の存在がマタギだった。

山中を長く漂泊するマタギの食生活は常人には想像もつかないほど奇妙で特殊だ。動物の腸や血、フンまで食べる習慣をもち、野鳥はもとよりクマ、ウサギ、リス、タヌキ、ムササビにキツネと、奥羽山脈に生息するほとんどの動物を食べたという。「動物は山の神からの授かり物」と考えるマタギにとって獲物は捨てるところがない大切なもの。肉はもとより耳や舌、皮、肝や睾丸、さらには内臓や血、フンまで徹底的に調理、利用した。

動物の内臓や血やフンを食べるのは、食塩の存在を知らなかった昔、その臓器中に含まれる有機塩で塩分を補給していたためだ。

寒中の山ウサギの腹を割り、フンの詰まった食道と直腸をとりだし、両端を糸で結び、煮て食べる。フンのソーセージだ。フンにはウサギの食べた草木の新芽や枝皮がぎっしり詰まっていて風味よく、そのまま焼いてもおいしく食べられるという。

さらにすごいのはウサギの肛門から直接フンだけをしごきだし塩づけにして塩辛を作る。この「ウサギのフンの塩辛」は直接食べるというよりも貝焼料理などの際の調味料に使った。ほろ苦さと辛さがまじりあい料理に絶妙の「コク」をつけてくれるのだそうだ。

ウサギ同様、カモシカもヒバやカエデ、クロモジの木の芽を好んで食べるため、完全にフン化する前のドロドロのフンの状態が、まるでウルカ（アユの内臓の塩辛）のようでうまいという。

熊の脳みそも珍味中の珍味として競うように食べられた。豆腐のように真っ白でマダラのダダミ（精巣）とそっくりな味がするらしい。

が、なんといってもマタギ料理の最高峰はカモシカの舌や胃袋を焼いて刻み、それをカモシカの脳みそであえ、酢みそで食べる料理だそうだ。

まだまだあるが、でもこのへんでやめておいたほうがよさそうだ。

（参）『マタギ動物誌』太田雄治（秋田魁新報社）
『最後の狩人たち』長田雅彦（無明舎出版）

こんな人を知事にしたい！

「秋田のムダ話を一日一話」というコンセプトで、県内の時事ニュースをユニークな視点で斬りまくるブログに出合った。「秋田おそがけ新聞」というタイトルだ。二〇〇八年時点で面白い記事を拾ってみる。

何かと話題になった知事の新税導入構想は「肥満が社会問題化しつつある秋田県では『肥満税』がピッタリ。それなら私もいきなり高額納税者」とシャレのめし、存廃でもめる秋田内陸線問題には「パチンコ列車を走らせてはどうか」と提案する。

さらに宝くじの高額当選者が続出する秋田市広面の「ネコの足跡・宝くじ売り場」も列車内に移転すれば、乗客増加はまちがいなし（乗車券が宝くじになっている）。

環境問題にも一家言ある。タクラマカン砂漠が発生源とされる黄砂に対して、「砂漠にキンモクセイを植える」のだそうだ。これなら日本列島全体が砂のかわりにステキな香りに包まれる。

深刻な松食い虫被害跡には除虫菊を植え、害虫をシャットアウトする。風呂の残り湯をペットボトルに詰めて売り出すエコ水「トイレ専用・少しだけ汚れた流し水」、冬はタイヤ交換が面倒なので車にスキーを履かせた「スキー・カー」、季節の逆なメルボルンと姉妹都市になりエアコン室外機ホースで太平洋を結び、理想的なグローバル熱交換システムを設置する……どこまでが本気で、どこまでがジョークか、境界のあいまいさも魅力だ。

少子化対策では、東北電力の送電を一時ストップしてもらい、「キャンドルナイト作戦」を展開。これはニューヨークの大停電の後、大勢の子どもが生まれたことからの発想だ。交通事故者数に占める高齢者割合が全国最悪の秋田県の汚名返上には「若者に暴走行為を奨励する『仏恥義理（ぶっちぎり）キャンペーン』を展開、彼らの事故率を上げれば問題解決」と危ないジョークも。

言葉遊びも秀悦だ。比内地鶏の偽装問題では「いっそ会社名が『比内似鶏社』だったら問題なかった」と言い放ち、公務員の飲酒運転防止にはノンアルコール日本酒「ただ清水」を発売すべき、と暴走は止まらない。

筆者の「鈴木めた朗」氏は県南部に住むシステム・エンジニア。発想が奇抜で、アイデアは落語風。非現実的にみえる提案も、その実、したたかなリアリティーがある（このブログからモノポリー秋田県版が生まれヒットした）。

あまりの面白さに、ブログを単行本にしたい、と申し入れたら快諾の返事があった。

二〇二一年春現在、めた郎氏は美郷町の町会議員であり、地元のミニコミ新聞の編集長として意欲的に町の未来のために働いている。

（参）『秋田おそがけ新聞』鈴木めた郎（無明舎出版）

東成瀬村はなぜ学力日本一か？

東成瀬村は奥羽山脈の懐に抱かれ雪深い村だ。東は岩手県、南は宮城県に接し総面積の九三パーセントが山林原野である。

二〇一八年一月末現在、世帯数は八七〇世帯、人口は二六〇〇人（男一二五五人・女一三四五人）だ。この小さな豪雪の村の子供たちは、長く学力テストで日本トップクラスの成績を維持し続けている。

スーパーも民間の塾もない、人口減少と少子高齢化の進む小さな村の子供たちの学力は、なぜ高いのだろうか？

単刀直入に村の人たちにこの質問をぶつけると、かなりの確率で同じ答えが返ってくる。「(町村) 合併しなかったから」というのだ。

高校野球に例えると一〇〇人の部員のいる野球部はレギュラーになるため激しい競争があり切磋琢磨によってチームは強くなるが落後者も多い。村の野球部は最初からギリギリ九人の部員しかいない。一人の故障者や落伍者が出ても試合出場は不可能だ。慎重に一人一人の個性を見極め、短所をつぶすのではなく長所を伸ばすしか方法はない。

小さな村であることが結果として目の行き届いた細かな教育を可能にした、というのだ。

村には小中校生合わせて二〇〇人ほどの児童生徒しかいない。

二〇〇人の子どもたちを地域の大人や先生も交えてシャッフルしグルーピングする。年齢層の異なるグループが一緒にさまざまな作業を共にする。

日常生活の中に地域と学校の連携環境を作り上げ、子供たちは何かの作業をするたびに大人社会に触れ、共同作業に慣れていく。

さらに子ども一人ひとりの学力状況を九年間にわたって追跡する。そこに「つまずき」が見つかれば小中双方の教職員が情報を共有し、授業の改善につなげていく。「読書」の重要性も強調する。

「読書から得られるもの、それも異質性です。今まで蓄えたものと違う世界と自分を向き合わせてくれます」

村の子供たちを見ていると、大人たちにいつくしまれ、伸び伸びと躍動している姿が印象に残る。

児童生徒の七割以上は祖父母と暮らす三世代世帯だ。子育てへの参画意識は高く、授業参観には祖父母も加わるため出席率は一二〇パーセントに達することも珍しくない。

教育関係者や保護者たちは学習環境を整え、家庭学習を習慣化することを徹底させるだけでなく、村による学校給食の無料化や通学費、学習塾費（村営の塾）への補助、入学祝い金の支給といった経済的支援にも積極的に取り組んでいる。

こうしたバックアップ体制が、高い学力を支える重要な教育インフラになっているのである。

（参）『「学力日本一」の村』あんばいこう（無明舎出版）
『東成瀬の教育』（東成瀬村教育委員会編）

東北大凶作の中の「秋田」

東北大凶作は昭和六年（一九三一）から昭和九年（一九三四）まで、断続的に東北地方を襲った大災害だ。

一九二九年のアメリカの株価暴落に始まる世界大恐慌で日本も不況のどん底であえいでいた時期だ。そこに追い打ちをかけるように東北地方は冷害、凶作に襲われ、農村は甚大な被害を受け、翌年も不作だった。

それほどの大事件にもかかわらず、東北大凶作の中で秋田は隣県の岩手や青森に比べ圧倒的に惨状レベルが低かった。

そのため当時の凶作や飢餓に関する秋田県の文献資料も少ない。

そんな中、昭和九年一〇月一六日から一一月五日まで二一回にわたり、地元新聞社が「凶作地帯をゆく」というレポートを載せている。この連載記事を要約してみよう。

「北秋田郡上小阿仁村」——米代川と阿仁川の氾濫で耕作地の9割が壊滅状態。それでも明治38年、大正2年、昭和6年の大凶作に比べればまだまし。種モミの無料交付、政府米の払い下げ、税の免除、凶作農民に資金貸与をと村から県当局に要望を出した。

「由利郡鳥海山」——小学生90名中欠食児童3割、欠席者平均20名、早引け多し。赤児をおぶって授業を受ける子も多い。「山間奥地の住民は永劫に光を持たぬ運命を約束されてきた」との記者の嘆きも。

「由利郡内各村」——古老もかつて記憶にない激甚さ。平均収穫5割減。「刈れば腹が減る　青立のまま傍観」。混食も来年まではもたない。北海道に出稼ぎに。陸羽132号はダメ、冷害に強いのは早稲の「愛国」。「稼いでも稼いでも　抜けぬ貧乏だ　なんで貧乏が恥になろうか」。

「雄勝郡山間部」——田代、仙道、須川、秋の宮、皆瀬、東成瀬の六か村は悲劇連続。納税率2割、役場職員給与未払い、先生の給与は2、3カ月遅れ。鯉は寒さで大きくなれず養鯉も不作。稲ワラは燃やしても燃えず、馬に食わすと腹を壊す。それでも有閑マダムがいっぱいで秋の宮温泉郷は大繁盛。さらに苦しくても農家は濁酒を造る。国に罰金をはらっても半分は労役なので、残りの罰金で政府のぬれ米でも買えば飢えない、と仙道村役場職員の「苦笑」。

「雄勝郡東成瀬村」——アワやソバ、ヒエといった救荒作物の植え付けをせず混食やカテ食に見放された。村の入り口に「凶作のため、芸人、奉加、押し売りなどに一切米銭を施せず」の札。「純情な村娘も暗（やみ）の花に」という見出しも。

「仙北郡内」——村基本財産の3万円を抵当に10万円借り入れ……。

岩手や青森の切羽詰まった惨状とは違い、どことなく被害報告にも余裕さえ感じられるレポートだ。

（参）『新聞資料　東北大凶作』無明舎出版編（無明舎出版）
『秋田魁新報』1934年10月16日から11月5日（秋田魁新報社）

「こまち」以前に食べていたお米は？

二〇二二年、「秋系821」のブランド名である「サキホコレ」のデビューが決まった。

昭和五九年（一九八四）、秋田県が開発し衝撃的なデビューを飾った「秋田31号」こと「あきたこまち」から、ほぼ四〇年ぶりの新品種の登場である。

「こまち」は長く県民の食卓の王座を占め続けてきた。

そのため「こまち」以前、県民はどんなお米を食べていたのか、もう知らない人たちまでいる。

「こまち」登場前、毎日の食卓を飾っていたのはトヨニシキやキヨニシキという品種だ。

大曲市（現大仙市）にあった東北農業試験場が育成したものである。

東北農試は大正一〇年（一九二一）に育成された陸羽132号で全国にその名をとどろかせた。

陸羽132号は日本最初の人工交配による優良品種で、収量が低く不安定であった東北の稲作を飛躍的に発展させた。

「良味、多収で冷害、病気に強い」という三拍子がそろい、昭和初期の東北大凶作のとき、当時の農林大臣をして「陸羽132号がなければ被害は一〇倍近くに及んだ」と言わしめたほどの偉大な品種だ。

「こまち」同様、陸羽132号もデビューから四〇年にわたり東北の奨励品種の座を守り続けている。

しかし東北農試はそれから約半世紀、ヒット作に恵まれなかった。「一〇年にひとつの品種しか作れない試験地」として批判の矢面に立たされたのだ。

昭和三四年（一九五九）、東北農試育種研究室長となった平野哲也は「新品種が出せなければ切腹するつもり」で育種に臨んだ。イモチ病に強く、良質で、強稈、多収の品種作りに邁進、ついに美人三姉妹（トヨニシキ・キヨニシキ・ササノミノリ）といわれる新品種を生み出した。

新品種育成には一〇年の歳月がかかる。交配してから毎年、目標に従って単純な選抜作業を繰り返す。ひとつの試験場で毎年数十組の交配がおこなわれ、一〇年間の育成を経て新品種としてデビューできるのは二、三年にひとつ、といった確率なのだ。

この三姉妹は日本の高度経済成長と歩をあわせるように県内農家に普及。

特にトヨニシキはコシヒカリに似て栽培適地が広く、棹（さお）が強い。そのため機械化にも合い、急速に栽培面積を増やした。

トヨもキヨも自己主張のない味で農家にとって作りやすいコメだった。

キヨニシキという名前は当時の小畑勇二郎知事の命名で「秋田美人のように清く美しく」との願いと、同じころに活躍していた県出身力士・大関「清国」の名前を絡めたものだ。

（参）『食文化あきた考』あんばいこう（無明舎出版）

ハタハタ禁漁三年の記録

毎年一万トン以上、多い年では二万トンを超える漁獲量のあったハタハタは、年々漁獲量が減り、平成三年（一九九一）にはついに七二トンにまで激減した。

これはピーク時（一九六八年）の約三〇〇分の一だ。原因はよくわからない。

「石油備蓄基地建造のため産卵の藻場が奪われた」

「白神山地など沿岸の山々が伐採され、海に流れる栄養分が減った」

「県北部は埋め立てで風景が一変し、海が狭くなった」……。

漁業は海そのものの自己再生産力に依存する。田んぼと違い所有者（持ち主）がいない。そのため自制が効かず、どうしてもとり過ぎる傾向があった。

平成四年（一九九二）一〇月、漁業関係者はかつてない覚悟で三年間のハタハタ禁漁に踏み切った。がけっぷちの決断だ。「禁漁なんてできっこない」という大方の予想に反し、地元の漁師、仲買、漁協、研究者が全員一致で禁漁を実現させた。

「禁漁」は一方的に法律で決めないかぎり実現不可能が通例だった。関係者同士の話し合いで合意にまで持ち込んだのは世界でも珍しいケースなのだという。

当時の県漁連関係者によると、「しっかりした県のデータがあったので納得できた」と振り返る。

県はハタハタの生態、過去の漁獲量と漁師数、収入、文化や伝統を調べ、その資源を運用する綿密な計画を立てた。二〇年近い研究で資源量と漁獲量との相関関係、禁漁で資源がどう回復するかのシミュレーションなど、細かな処方箋を漁業関係者に提示した。北海道の根室の花咲ガニは一～三年で資源量が戻ったこと。カナダはタラを3年の禁漁で復活させていること。人口種苗の放流と産卵のための藻場造りを実施すること——。

こうした行政の後押しも漁業者の決断の力になった。

「危機感を持った漁業者が行政と本音で話し合った。保障のない禁漁に漁業者が踏み切ったのは秋田の暮らしに密接なハタハタ文化があったから。タイやヒラメだったら絶対に成功しなかった」と関係者は言う。

海の資源は三〇～三五年周期で増減を繰り返す。昭和五七年（一九八二）ごろまでは気象や海況の変動に伴う魚種交代という現象でハタハタの減少は説明できた。ハタハタは減ったがアジやマイワシは逆に増えていたからだ。

それ以降の減少は過剰な漁獲圧力（とり過ぎ）が原因だ。

資源漁に対する漁獲量が五〇％ならハタハタは増えるが六〇％になると減る。「資源量の半分」が順調に魚が増えていくための上限ライン（漁獲可能量）なのだ。

こうして歴史的な禁漁は成功したのだが自然との闘いは今も続いている。

ぜいたくな味噌文化

秋田を離れた人が懐かしいと感じる郷土の味はなんだろう。

意外に思われるかもしれないが答えは「味噌」である。「あきたこまち」でも「きりたんぽ」でも「稲庭うどん」でも「しょっつる」でもない。

食べたいと思えばだれでもどこでも手に入れることができる時代だが、「味噌だけは実家で食べているものを直接送ってもらう」という県出身者が多い。

それを裏付ける正式なデータがあるわけではないが、なるほどと思える根拠はある。

昔から秋田県で消費される味噌は「秋田味噌」として全国に知られている。明るめの赤褐色で、どちらかといえば甘口。他県の味噌と決定的に違うのは、自分の家で造ったり、近所の知り合いに依頼したりする自家醸造、委託醸造の割合が非常に高いことがあげられる。

味噌は買うよりも自分の家で造るもの。うまいと評判の近所の知り合いにまとめて造ってもらうもの、という意識が秋田県民は特に強いようだ。

特に豊かな穀倉地帯として米がたくさんとれる県南地方にこの傾向が強い。

横手・平鹿地方は日本一の手づくり仕込み味噌の産地といわれている。過去の歴史に大きな冷害や凶作がなかったため、豊富な米を武器に「こうじ」たっぷりの独特の風味豊かな（逆にいえばクセのある）手づくり味噌が自宅や近所で製造可能だった。

「こうじ一に大豆二」というのが一般的な味噌の造り方だが、秋田では昔から高価な「こうじ」をたっぷり使い、「こうじ三に大豆一」という比率で造るのが常識だ。これでは一般的に市販されている味噌を食べても物足りなく感じてしまうのは当然である。

では、それだけぜいたくで独特の風味ある秋田味噌は、なぜ信州味噌や仙台味噌のように有名ブランドとして全国に流通していないのか、という疑問も残る。

答えは簡単だ。高価な「こうじ」を使いすぎるのがアダとなり、コストパフォーマンスが悪いのだ。ようするに高すぎて市場競争に勝てないという弱点をもっているのだ。

ちなみに藩政時代、南部盛岡藩に属していた鹿角地方では「ニソ」とよばれる玉味噌が定着している。米作地帯ではないので高価な「こうじ」を使えない。そのため大豆に塩だけ（だから二素）で味噌を造る。甘みや風味を加えるためクルミやゴマ、甘酒などを添加して、あとは乳酸菌が繁殖しやすいようにお団子のように丸めてしまう。

全国的に見ればこちらの方が普通の味噌に近い造りと言えるのかもしれない。

秋田味噌は豊富な米が生み出したゼイタクな味噌なのである。


（参）『食文化あきた考』あんばいこう（無明舎出版）

『秋田たべもの民俗誌』大田雄治（秋田魁新報）

伝説の決勝戦――秋田中VS京都二中

平成三〇年（二〇一八）、吉田輝星（現日本ハム）を擁する金足農業高校の夏の甲子園準優勝の快挙は今も記憶に新しい。一〇〇回を迎えた記念大会での快進撃であり、秋田勢にとっては一〇三年ぶりの準優勝だった。

その一〇三年前、第一回全国中等学校優勝野球大会が大阪豊中グラウンドで開催されたのは大正四年（一九一五）のことだ。

全国から一〇校が参加し、東北代表として秋田中学（現秋田高）が出場した。

決勝まで進み京都二中（現鳥羽高）と対戦、延長一三回の激闘の末、1―2で秋田中は破れている。

この秋田中の準優勝は春夏を通じた高校野球の全国大会の秋田県勢最高成績となっていた。

このときの秋田中学の主将であり捕手の渡部純司氏に生前、筆者は何度か取材をしている。

最初は七〇年代で、渡部さんは秋田大学の「北光会館」の管理人を務めていた。八〇年代には息子さんのいる埼玉県に移り住み老後を送っていた。そこを訪ねてインタビューをしたのだが、この時の渡部さんは八九歳。記憶もしっかりしていて口調も若々しく、まるで昨日の思い出のように大正四年の歴史的な決勝戦の模様を生々しく語ってくれた。

この取材の八年後の平成五年（一九九三）一二月、渡部さんは九七歳で死去した。

改めて取材テープを聞いてみると、「秋田では敵なし。東北でも圧倒的に強かった」と渡部さん若々しい声が飛び出してきた。

県の予選大会について聞くと、「新聞社から戦績を送れと言われたが公式戦の記録がなく、急きょ大曲と横手に遠征して試合をして大差で勝ち、この結果で全国大会のＯＫが出た」のだそうだ。

「でも全国大会に行っても欲はなかったな。勝ち続けるうちに優勝したいと欲が出てきた」という。

「なにせ、うちのエースの長崎（廣）君の速球は速くて誰も打てなかった。逆に京都二中のピッチャーの球はあまり遅くて打てなかった」と笑う。

決勝戦は「守りが弱かったのが決定的。一三回裏、相手側は一死二塁でセカンドフライ。それをダイレクトに取れず一塁に送球する間にランナーがホームに帰った」。

決勝戦の失策数を調べてみると秋田中学七、京都二中は二だ。

「でも野球の面白さはトンネルや頭を越されたりすること。いまの野球はエラーがないから面白くない」という。

敗因を訊くとユーモラスな答えが返ってきた。

「大阪入りして珍しいアイスクリームを食べ、全員が下痢をした。決勝は下腹に力が入らなかった」のだそうだ。

大阪入りして驚いたのは「宿舎に民間パイロットとして有名だった佐藤章さん（現美郷町出身）が訪ねてきて、飛行場を案内してくれた」ことだそうだ。

あとがき

地域の中に根強く残る偏見や定説、勘違いや思い込みなどに興味を持つようになったのは半世紀も前、秋田県民にはなじみの「ババヘラアイス」を通してだ。

道路沿いにパラソルを立て、中高年の女性がブリキ缶にはいったシャーベットアイスを、金属のヘラでコーンに盛り付ける。「ババヘラアイス」はその味やネーミングの卓抜さが県民に親しまれ秋田の風物詩といっていい存在だった。

関心をもったのは、そのユーモラスなネーミングだった。「ババ」という汚い濁音の連続を「ヘラ」という脱力感満点の言葉で中和し、最後に切れと清涼感のある横文字の「アイス」がどっしりと受け止める。

巷では高校生が命名したとか、いや暴走族がつけたらしい、とかまびすしかった。

この秀逸な名称は平成一四年（二〇〇二）、若美町にある会社に商標登録されている。

これだけ「人気」のある食品が、なぜ他県には存在しないのか。業者はなぜ八郎潟周辺にのみ集中しているのか。秋田だけでしか受け入れられない理由は何なのか……調べ始めると、次から次へと思いもよらぬ事実が飛びだしてきた。実は、道路上で食品を売ることは道路交通法で禁止されていて、素手でアイスをコーンに盛り付ける行為は、食品衛生上の規制があった（二〇〇九年に条例改正）……なんと彼女らはりっぱな「路上のゲリラ」だったのである。

ここからさらにババヘラの深部へと迷い込んでいくことになるのだが、それは拙書『ババヘラの研究』（無明舎出版）に詳しいので、ぜひ読んでほしい。

本書は二〇一九年に出版した『秋田学入門』の続編である。

前作同様、原稿の多くは朝日新聞秋田県版に連載したエッセイが主力になっているが、掲載月もテーマもシャッフルし、雑学エッセイにふさわしく、再構成している。

全体を貫いているテーマや思想など立派なものは何もない。

秋田の歴史や文化、事件や自然がテーマで、それも問題の核心部の主流や中心からはちょっと外れたところにスポットを当てている。

「当たり前」や「そういうもの」、「権威ある人の見解だから」といった常識への反発や疑問も、本書の底を流れる隠れたテーマと言えるかもしれない。

前作の「あとがき」にも書いたのだが、地域に関する偏見や迷信、勘違いや無知は、その多くが「自分の地域が一番」という考え方に強く由来する。

それ以上は深く問いもせず、微温的な環境の中で、疑問や追及の矛先を緩め、いわば仲間内でほめ合い、思考停止をしてしまう。そうした身辺にある定説や常識や地域自慢を疑ってみることが、私の最大の関心事だ。

文章毎に参考文献は記してあるが、あらためて先人たちの夥しい文献史料や研究の上に成り立った仕事であることを痛感している。記さなかったがインターネットサイトや新聞各紙、地域でのみ流通するミニコミ紙なども多く参照させていただいた。

浅学菲才は承知しているが、目に余る思い違いや、誤記があれば、ご教示いただければ幸いである。

二〇二一年、コロナの冬に　著者

あんばい こう 略歴

本名 安倍 甲（あべ・はじめ）。
1949年秋田県湯沢市生まれ。
県立湯沢高校卒業後、秋田大学を中退し、
現在は出版業。

主な著書に、
『力いっぱい地方出版』（晶文社）
『頭上は海の村』（現代書館）
『田んぼの隣で本づくり』（日本エディタースクール出版部）
『食文化あきた考』（無明舎出版）
『ババヘラの研究』（無明舎出版）
『「学力日本一」の村』（無明舎出版）
『秋田学入門』（無明舎出版）他多数。

続・秋田学入門

定価一一〇〇円〔本体一〇〇〇円＋税〕

二〇二一年四月一日　初版発行

著　者　あんばい　こう
発行者　安　倍　　甲
発行所　㈲無明舎出版
秋田市広面字川崎一一二―一
電　話／(〇一八)八三二―五六八〇
FAX／(〇一八)八三二―五一三七
製　版　㈲三浦印刷
印刷・製本　㈱シナノ

ISBN 978-4-89544-667-9

秋田学入門

あんばいこう＝著

四六判・136頁
定価1100円［本体1000円＋税］
ISBN978-4-89544-654-9

知ってますか、県民のヒ・ミ・ツ

定説や常識、かんちがいや偏見と向き合い、身の回りにあふれる「なぜ」「どうして」に答える、誰も知らない秋田県民の基礎知識！

目次から

あんばいこうの本

「学力日本一」の村

四六判・二三二頁

定価〔本体一七〇〇円＋税〕

少子高齢化の中、あえて選んだ単独立村の道。先人たちの知恵をつなぎ、自然から学び、教育に未来の希望を託した、秋田・東成瀬村の豊かな人と文化と歴史を歩く。

食文化あきた考

四六判・三〇〇頁

定価〔本体一八〇〇円＋税〕

朝日新聞秋田版に三年余にわたって連載。これまでの通説を疑い、大胆な推論と丹念な取材で、新しい秋田像を「食」から切りひらくエッセイ集。

ババヘラの研究

四六判・一八二頁

定価〔本体一五〇〇円＋税〕

「秋田名物」にまで成長したババヘラアイス。その謎に包まれた歴史とルーツを、沖縄や高知にまで取材、秋田で生き残った衝撃の理由に迫る！

舎史ものがたり

A5判・一六二頁

定価〔本体一〇〇〇円＋税〕

学生が起業したローカル出版社の30年を資料と読み物で再現する記念誌エッセイ。ロートル・オヤジたちの地方出版奮戦記。